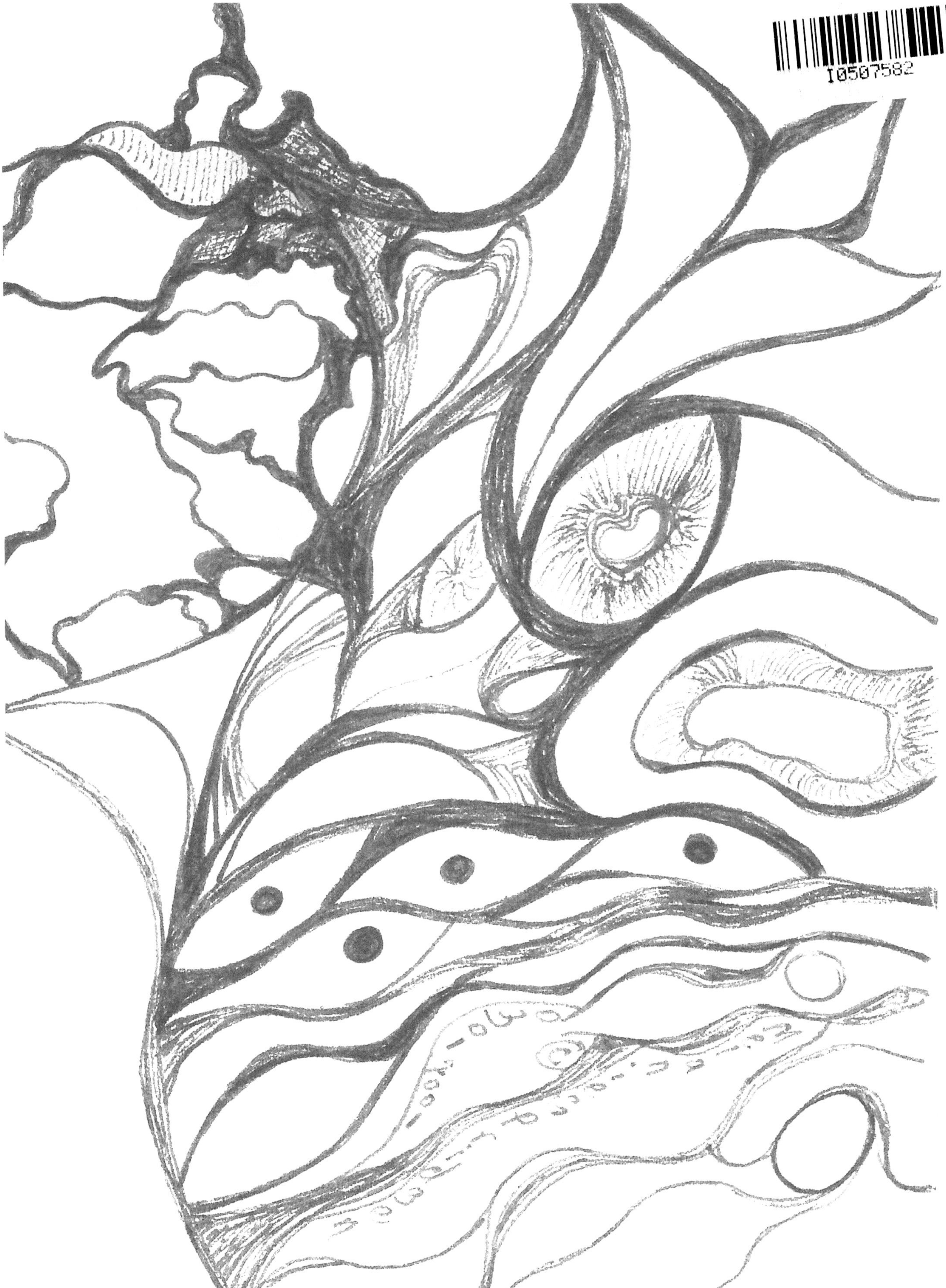

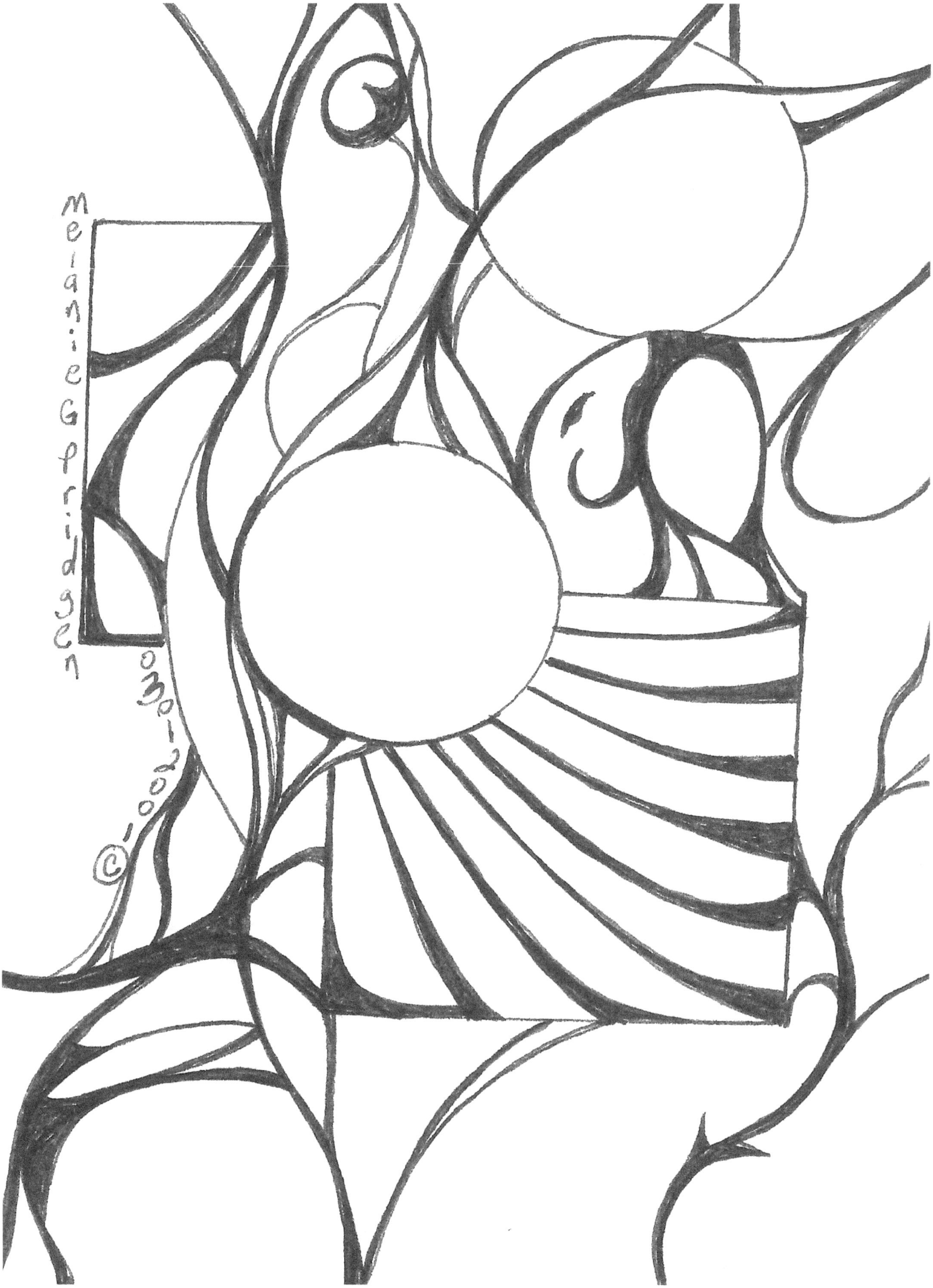
Melanie G Pridgen

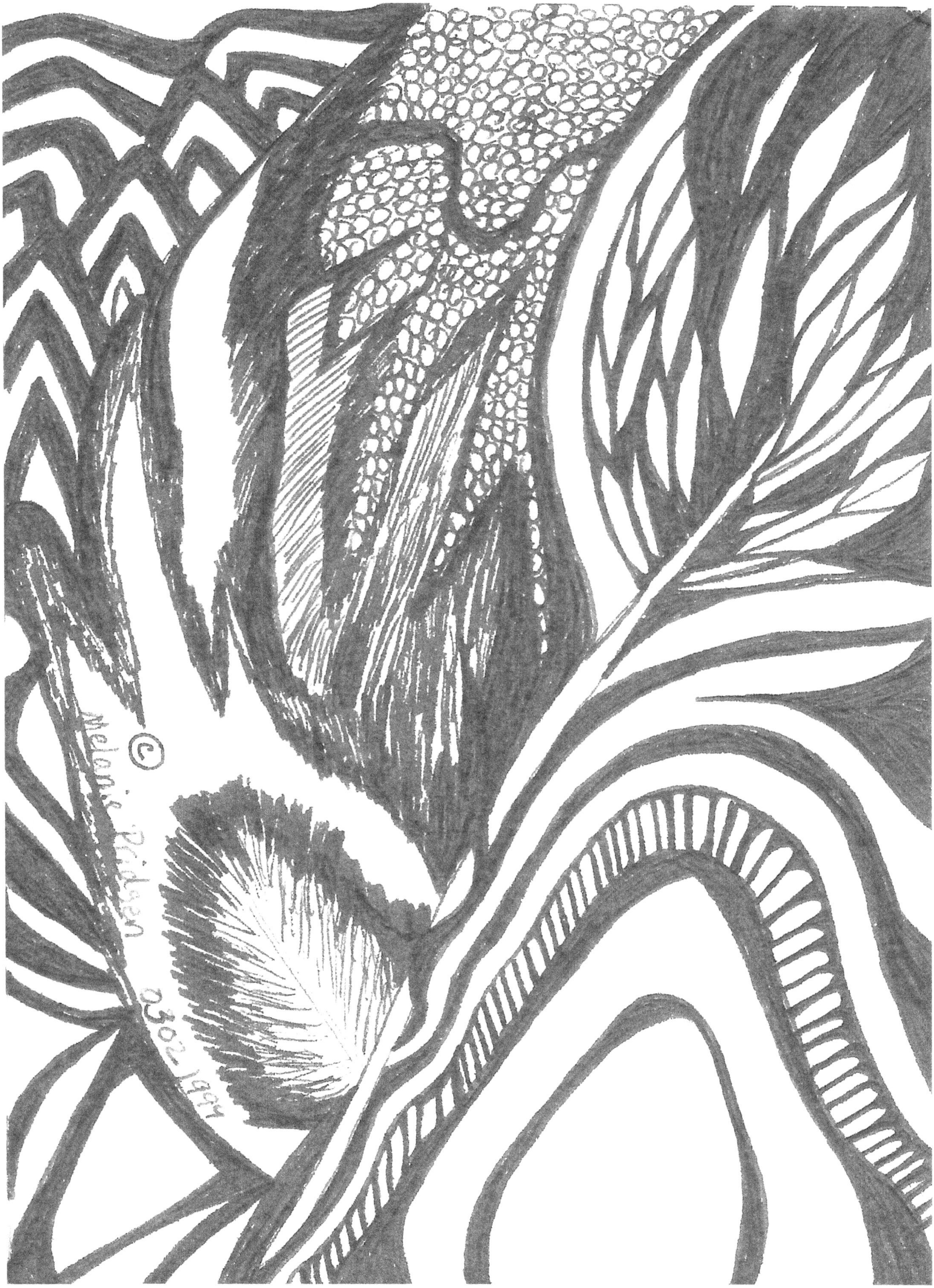
©
Melanie Pridgen 0302 1999

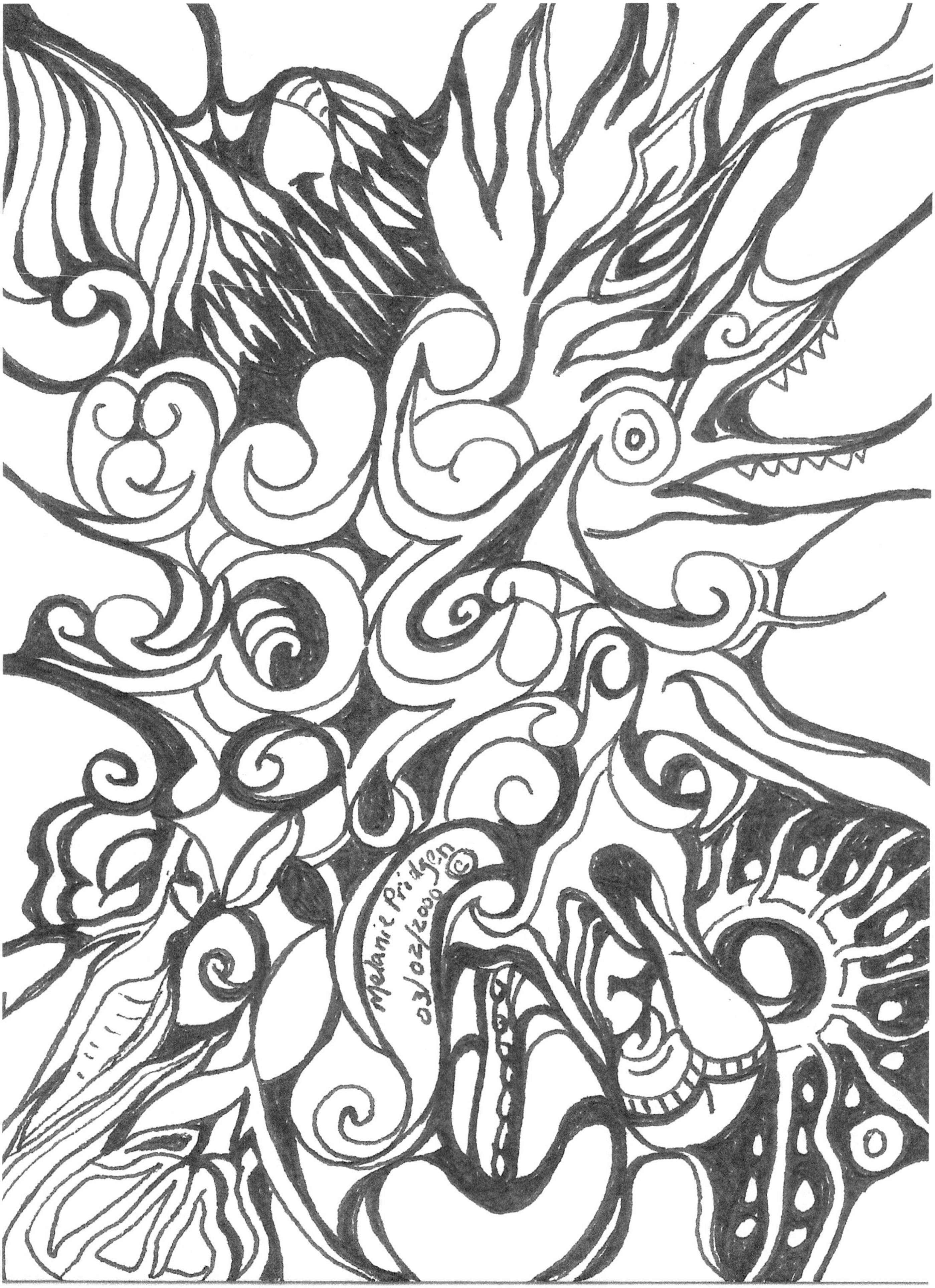
Melanie Pridgen ©
03/02/2006

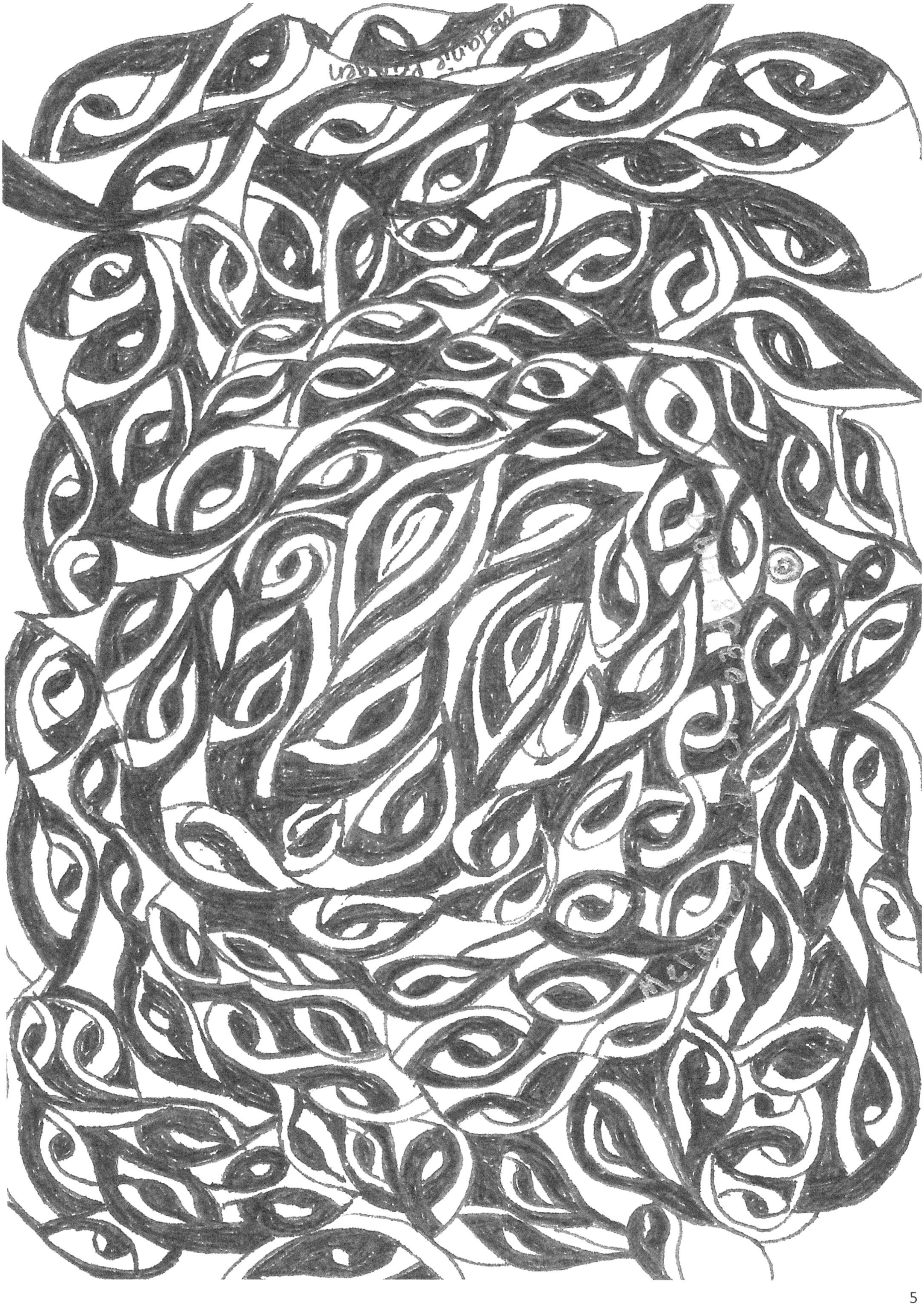

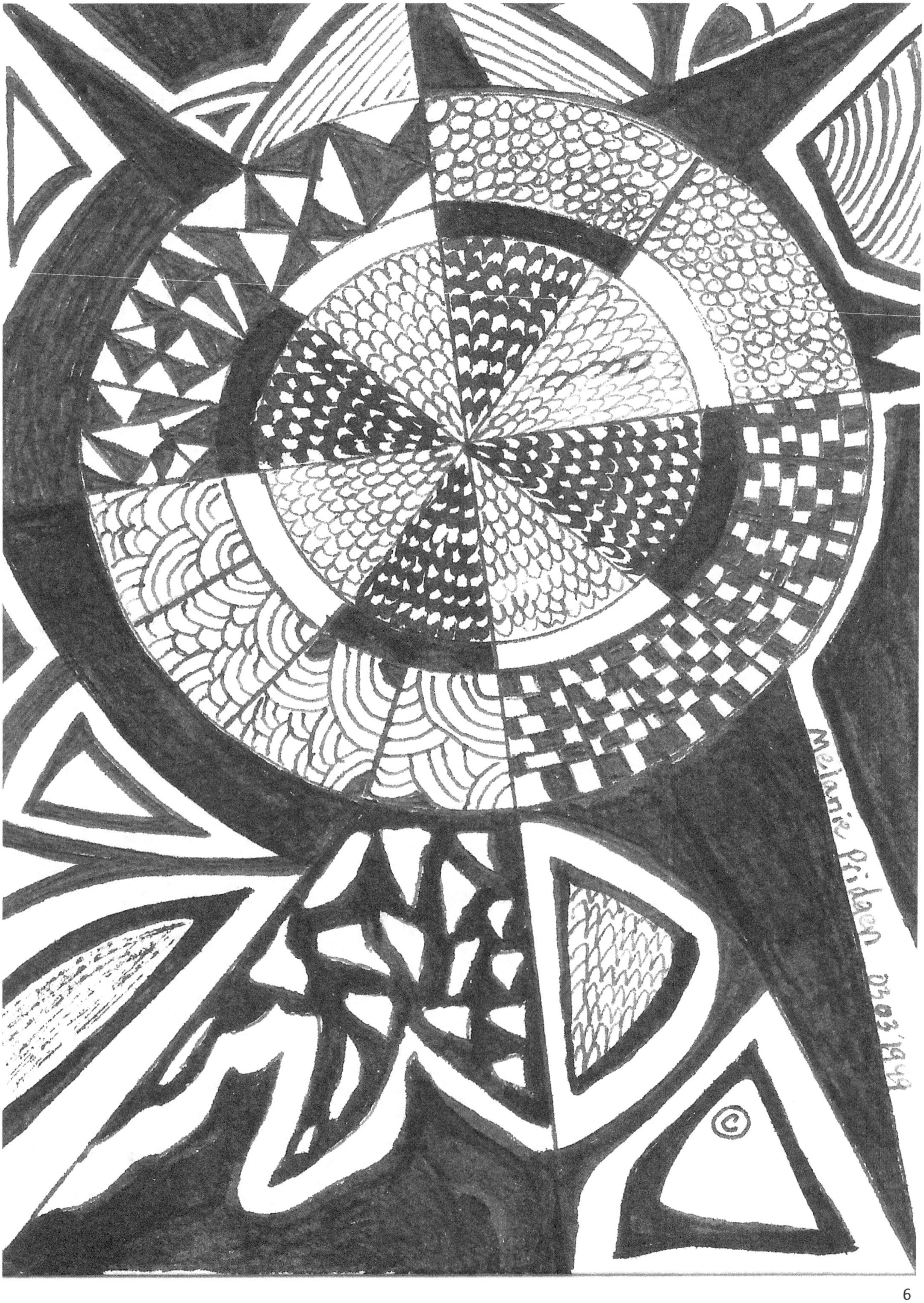
Melanie Pridgen
©

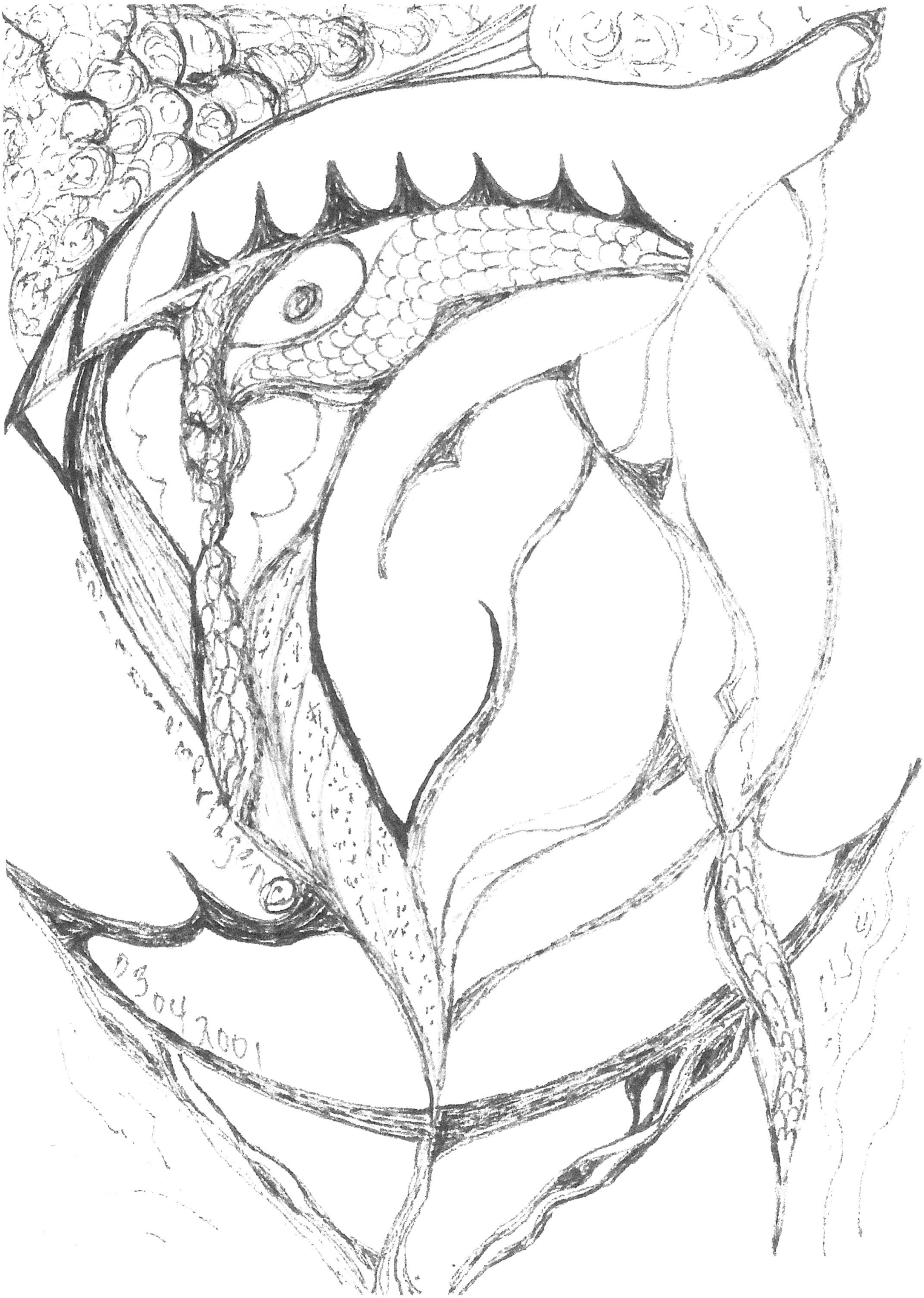
03042001

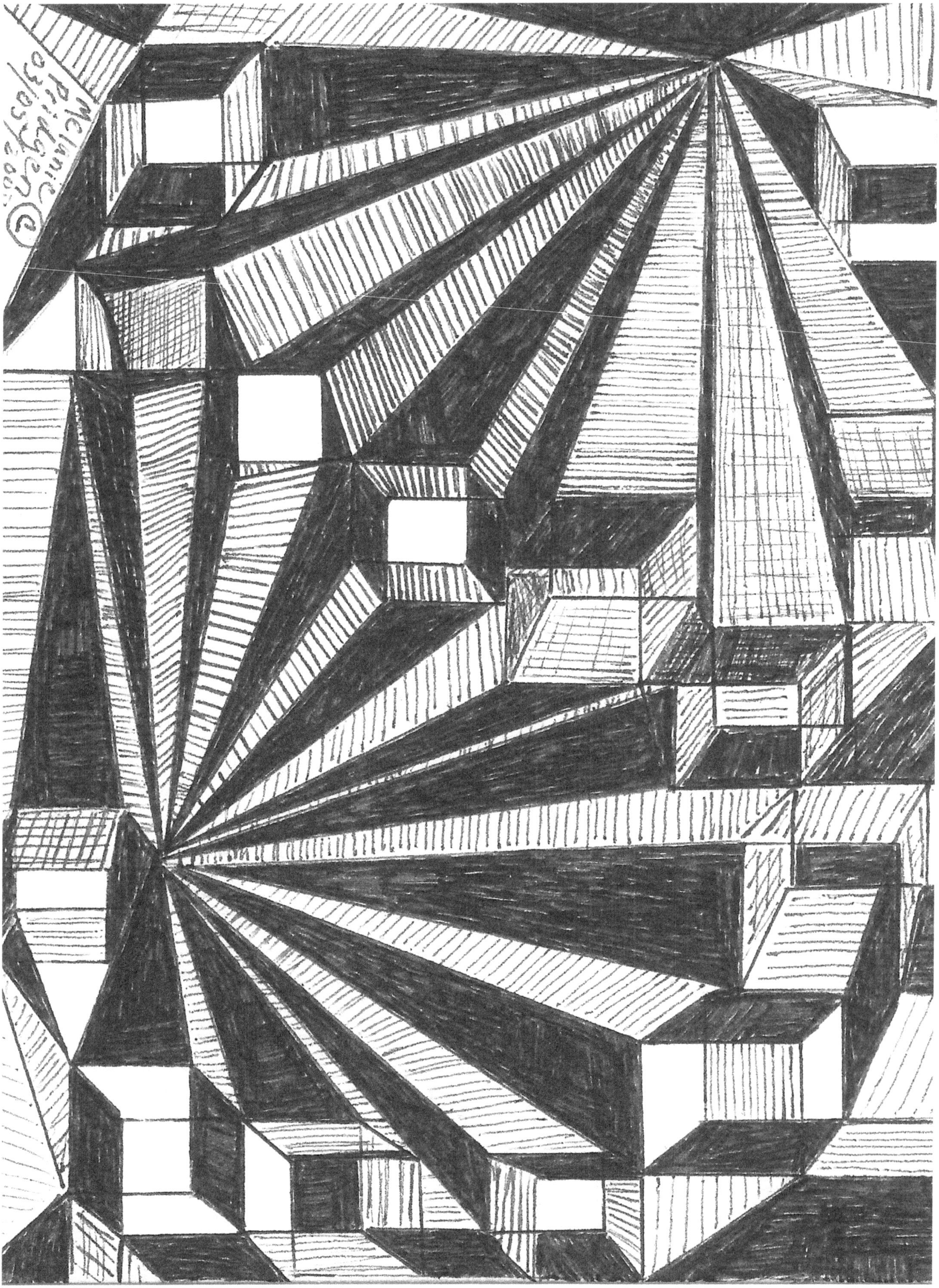
Melanie Pridgen ©

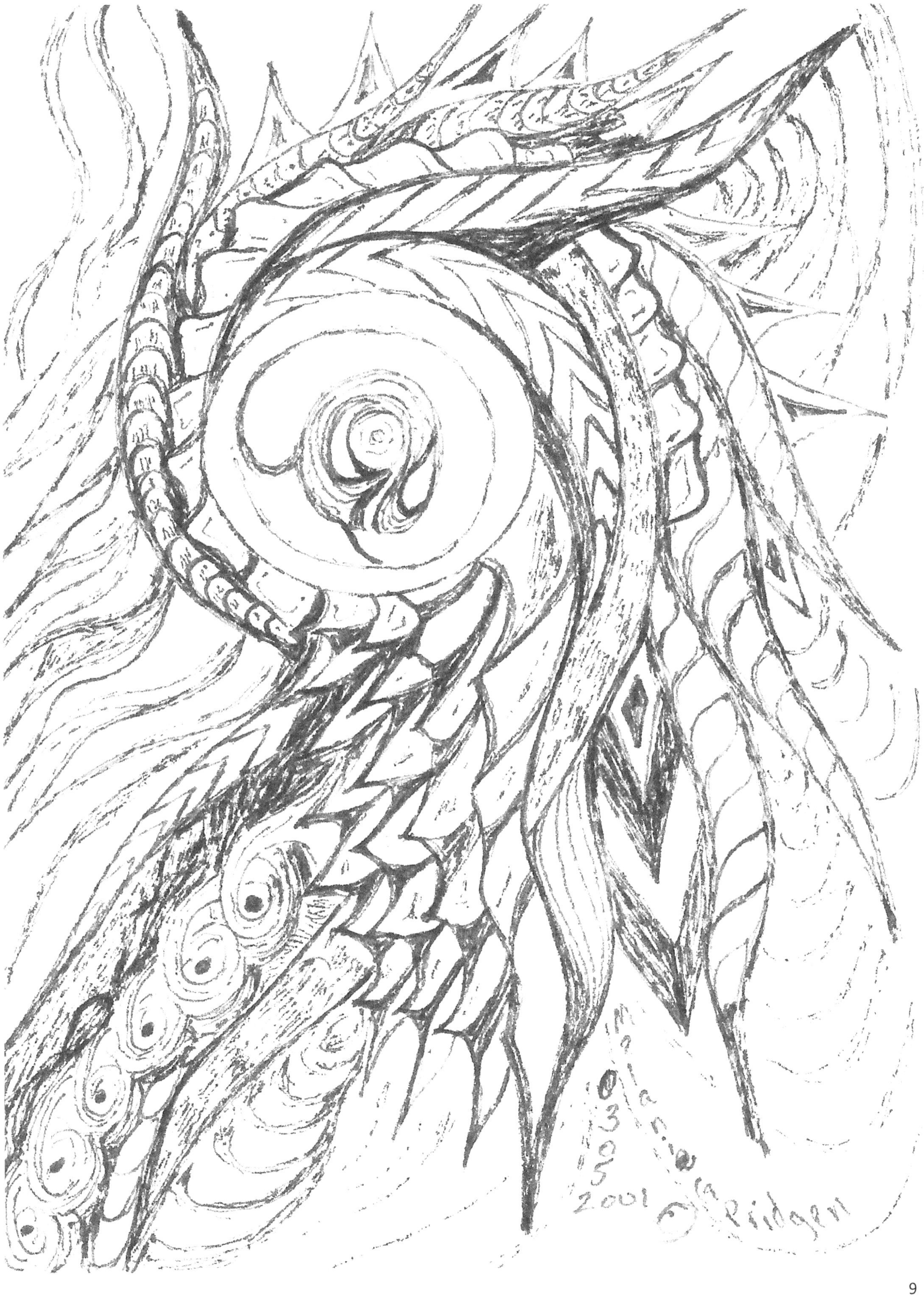
2001

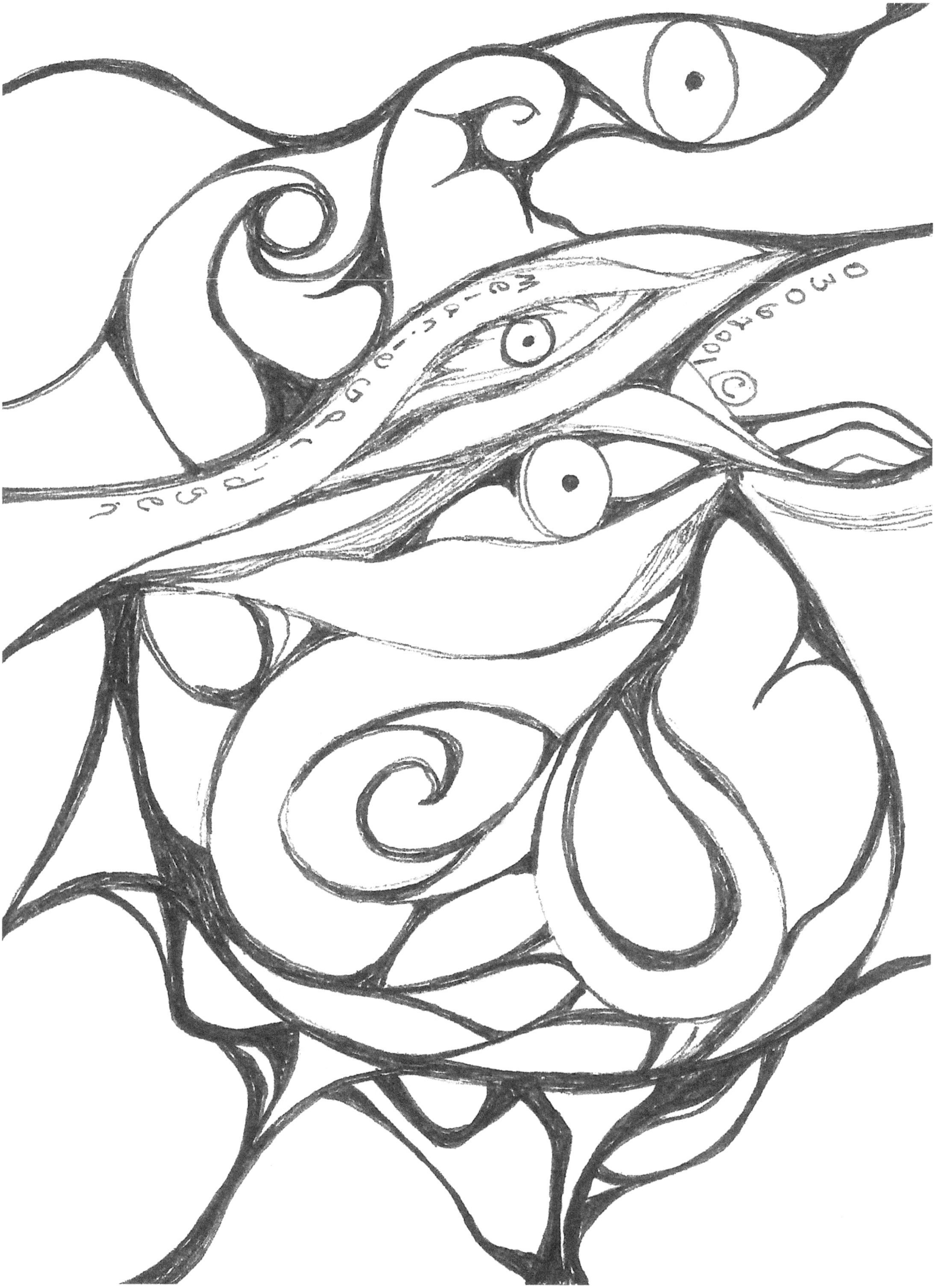

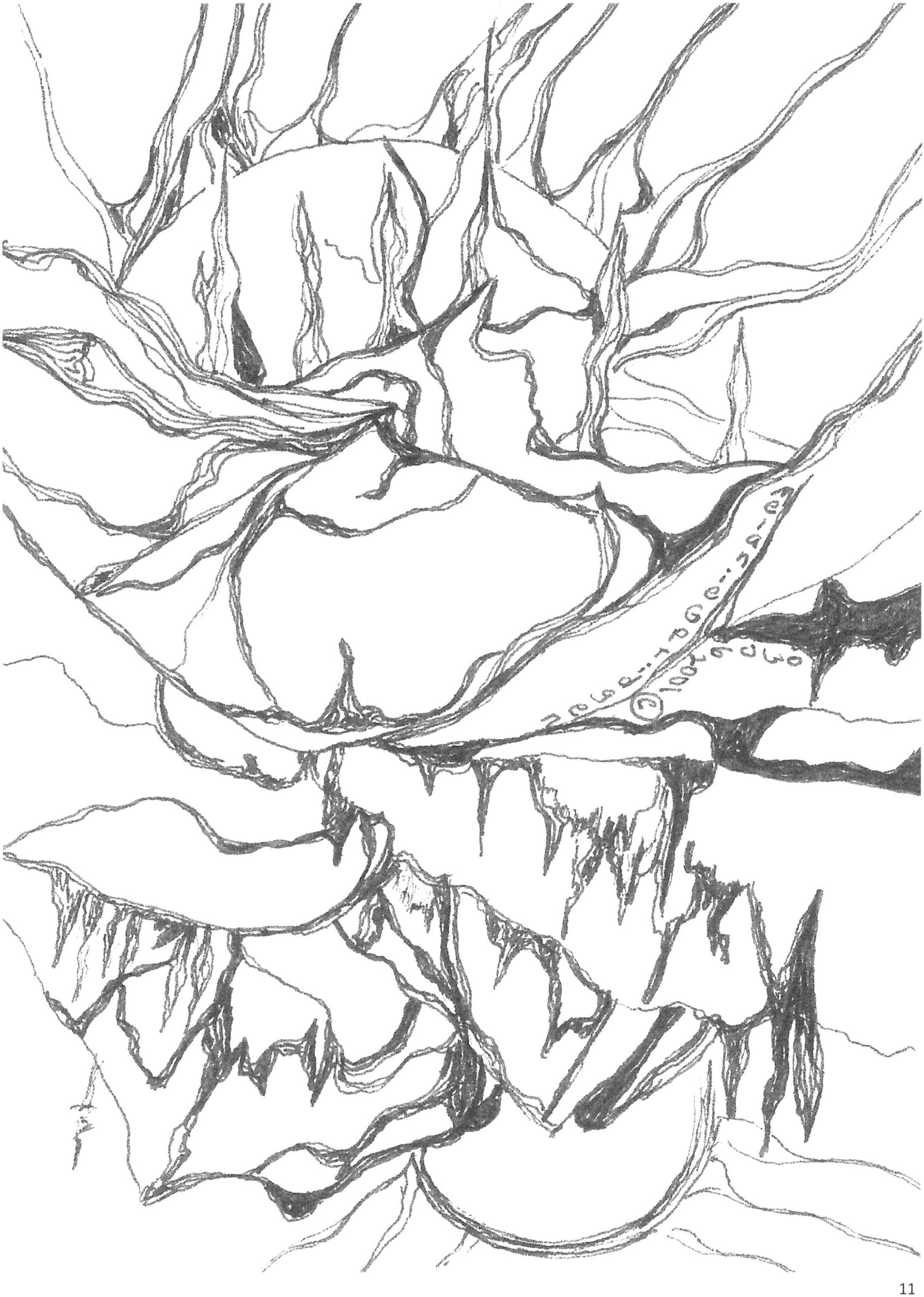

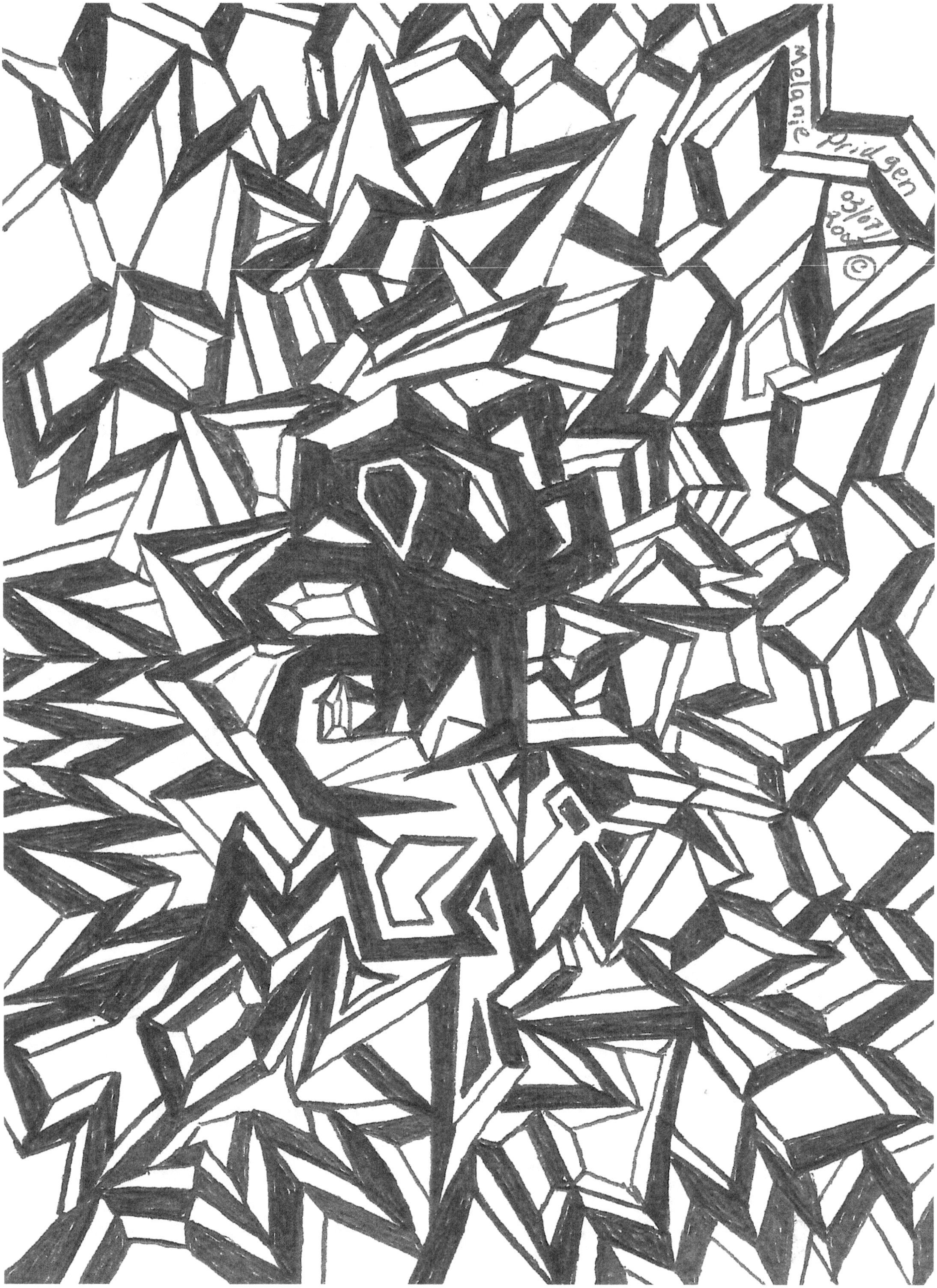
Melanie
Pridgen
©

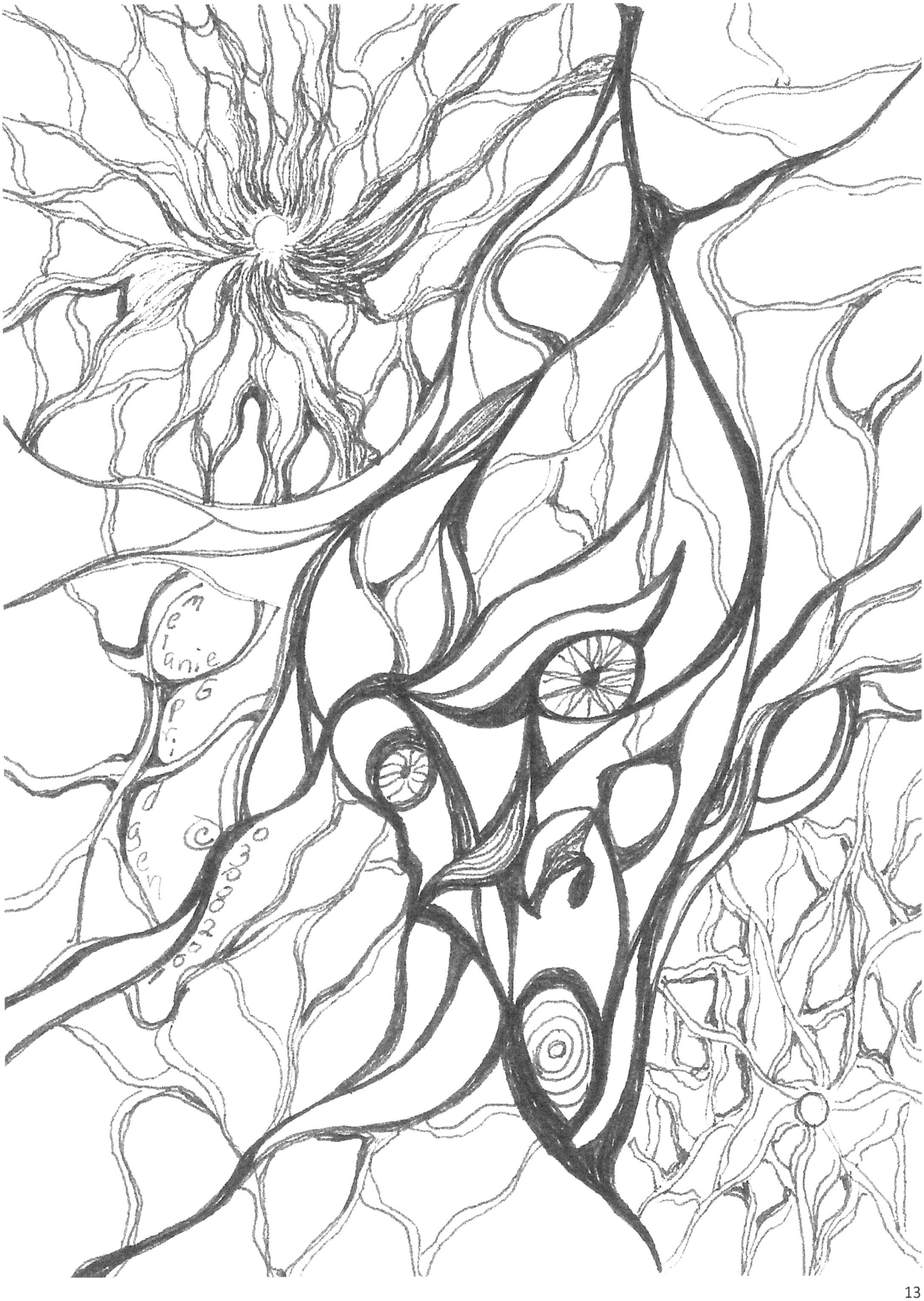
Melanie

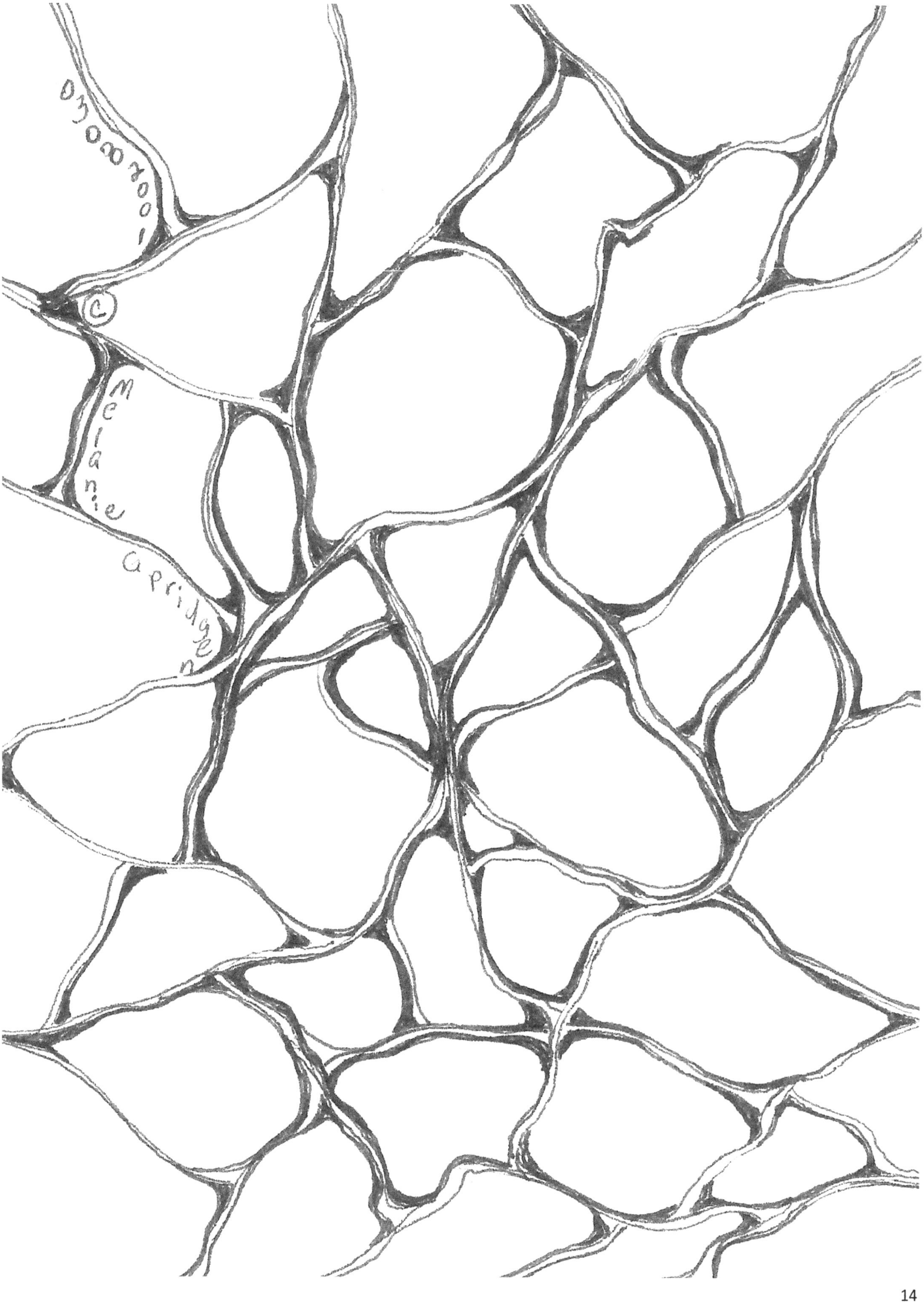
Melanie

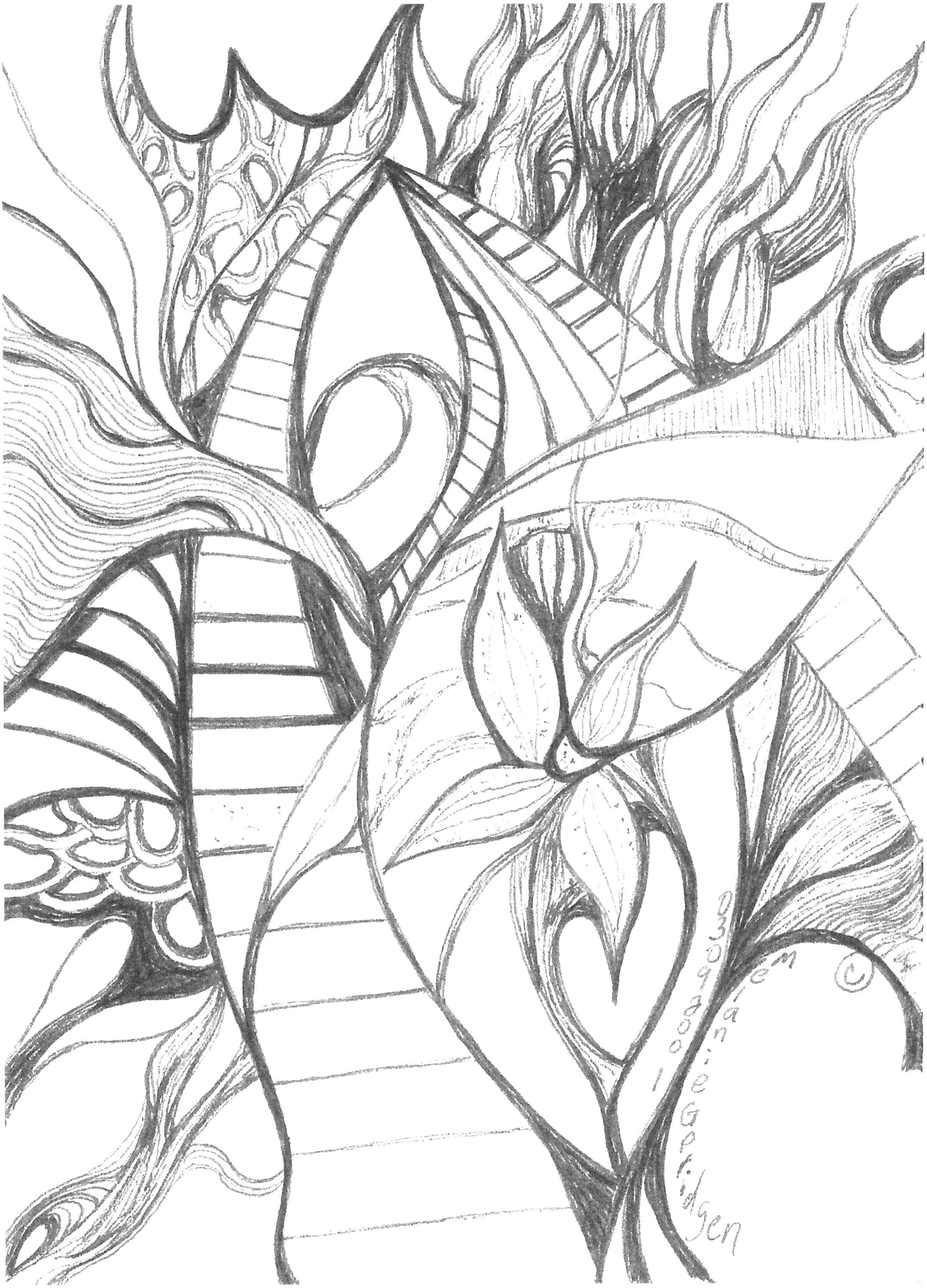

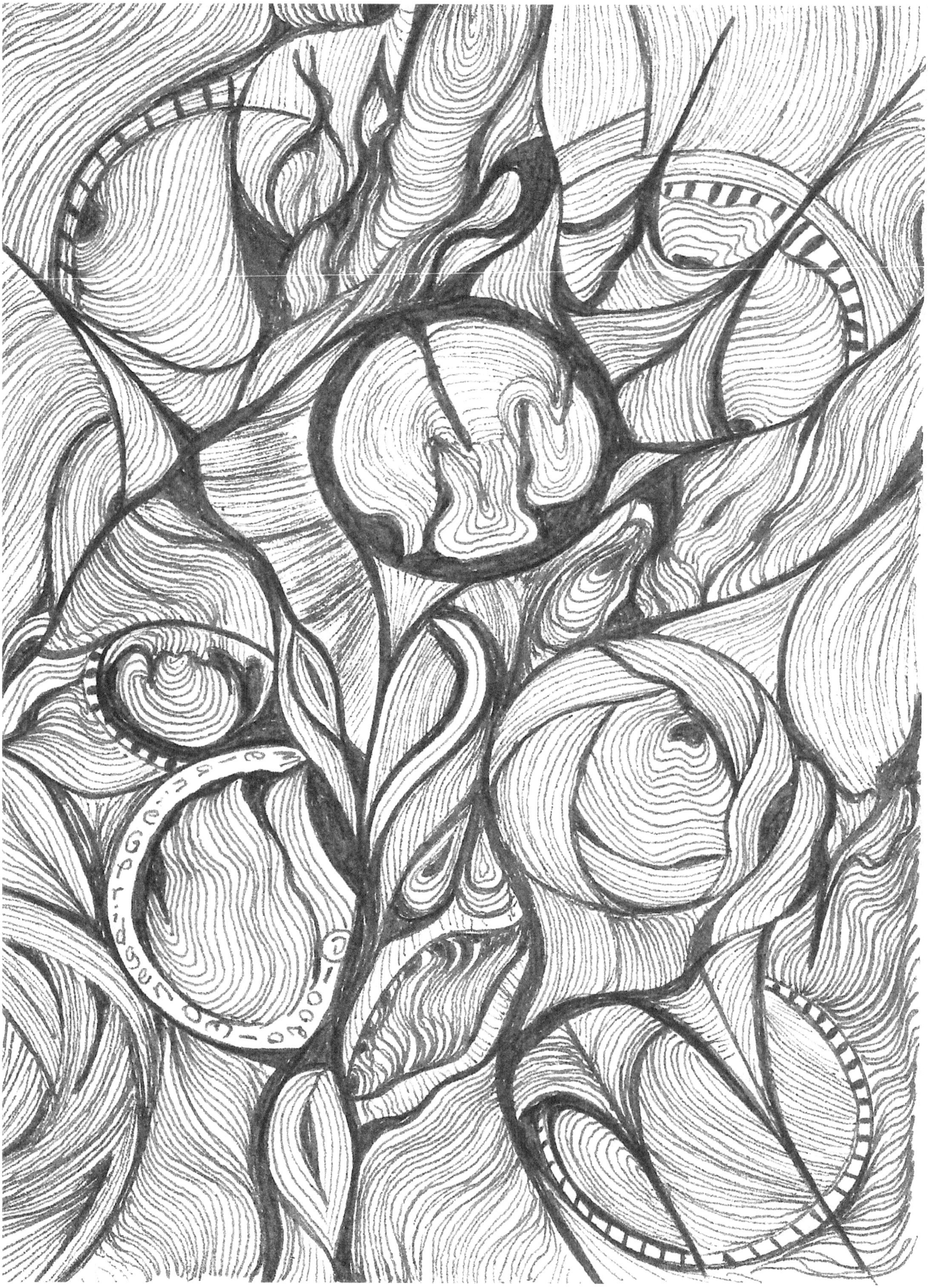

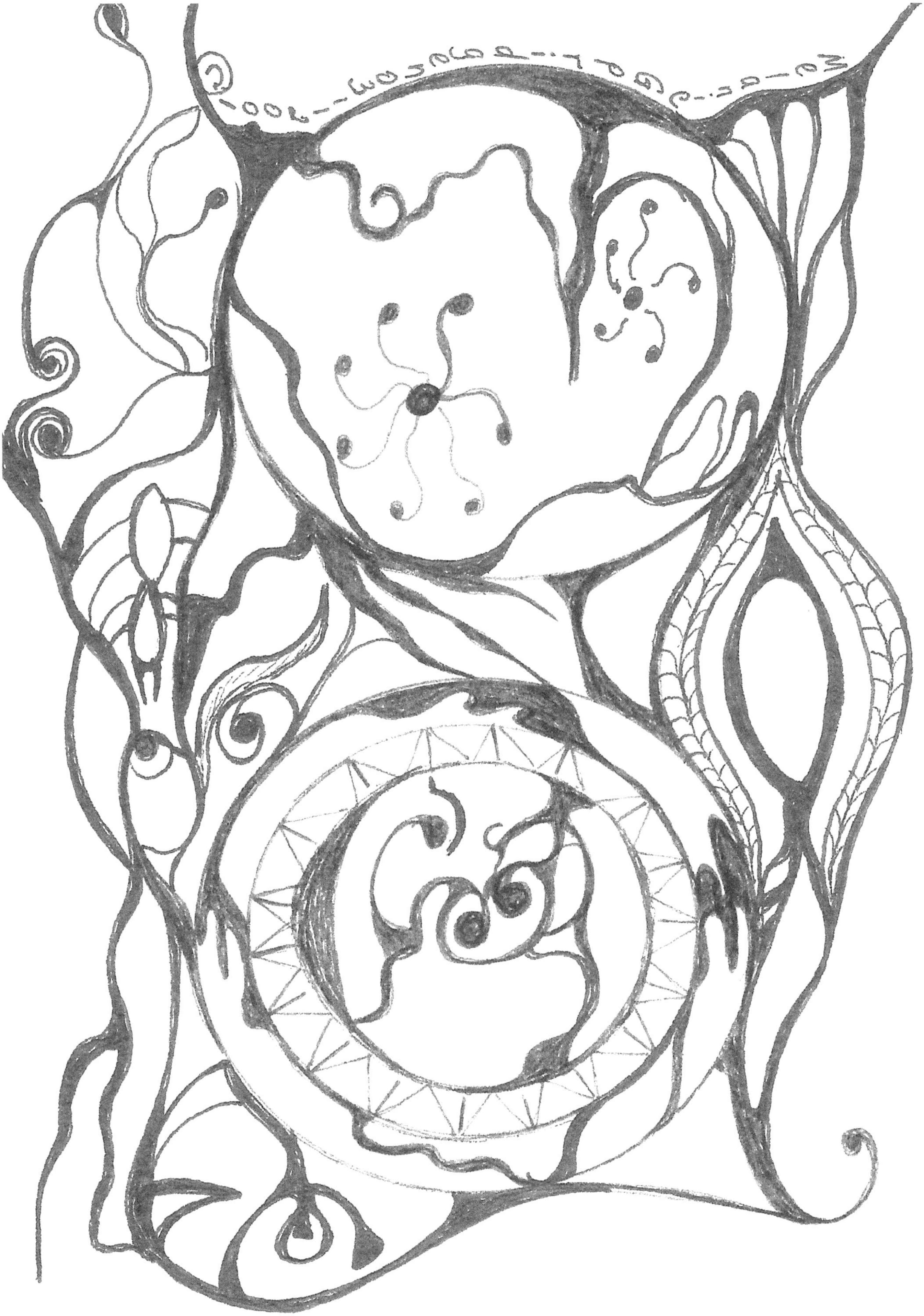

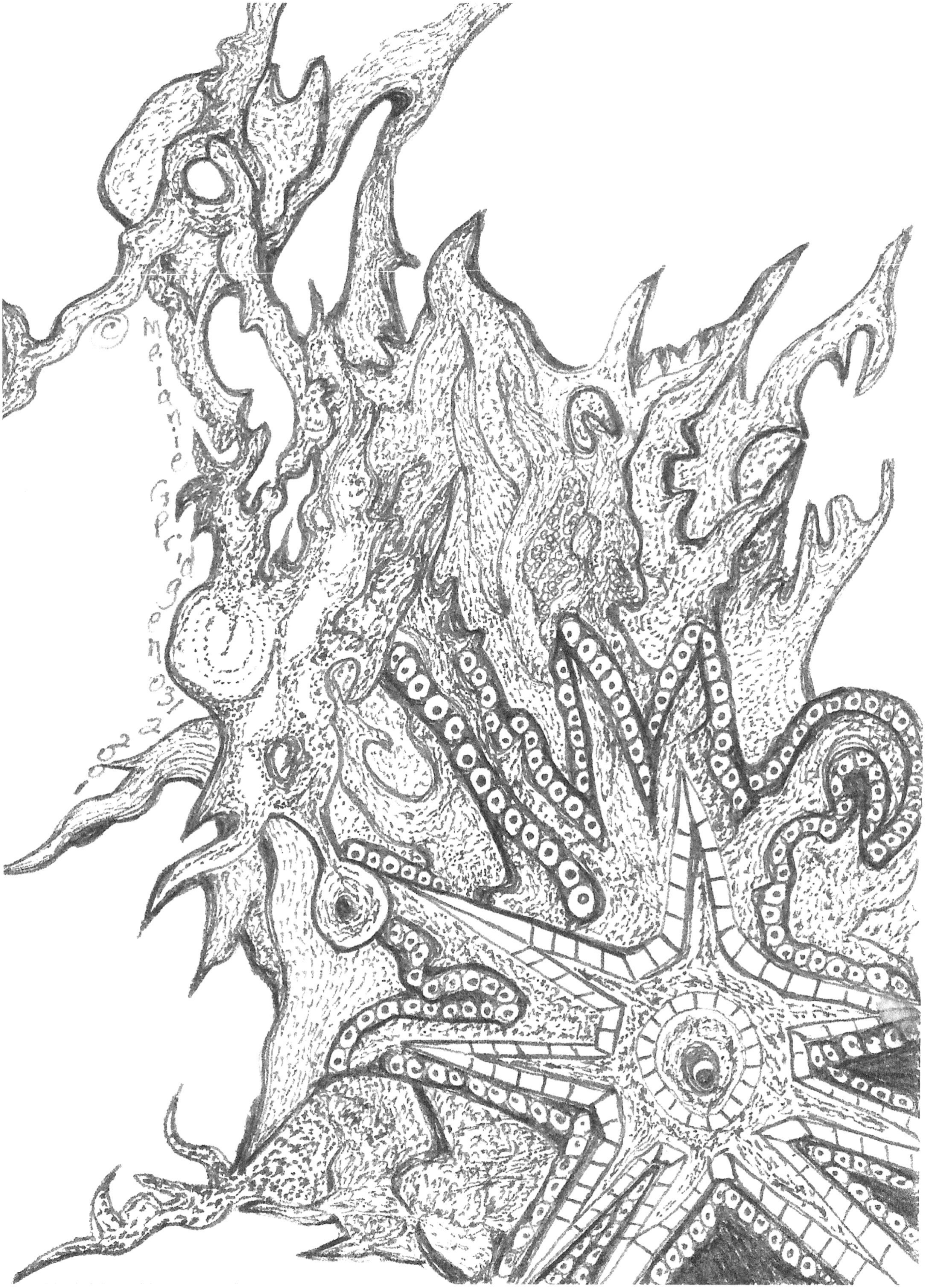
© Melanie Gpridgen 031 2022

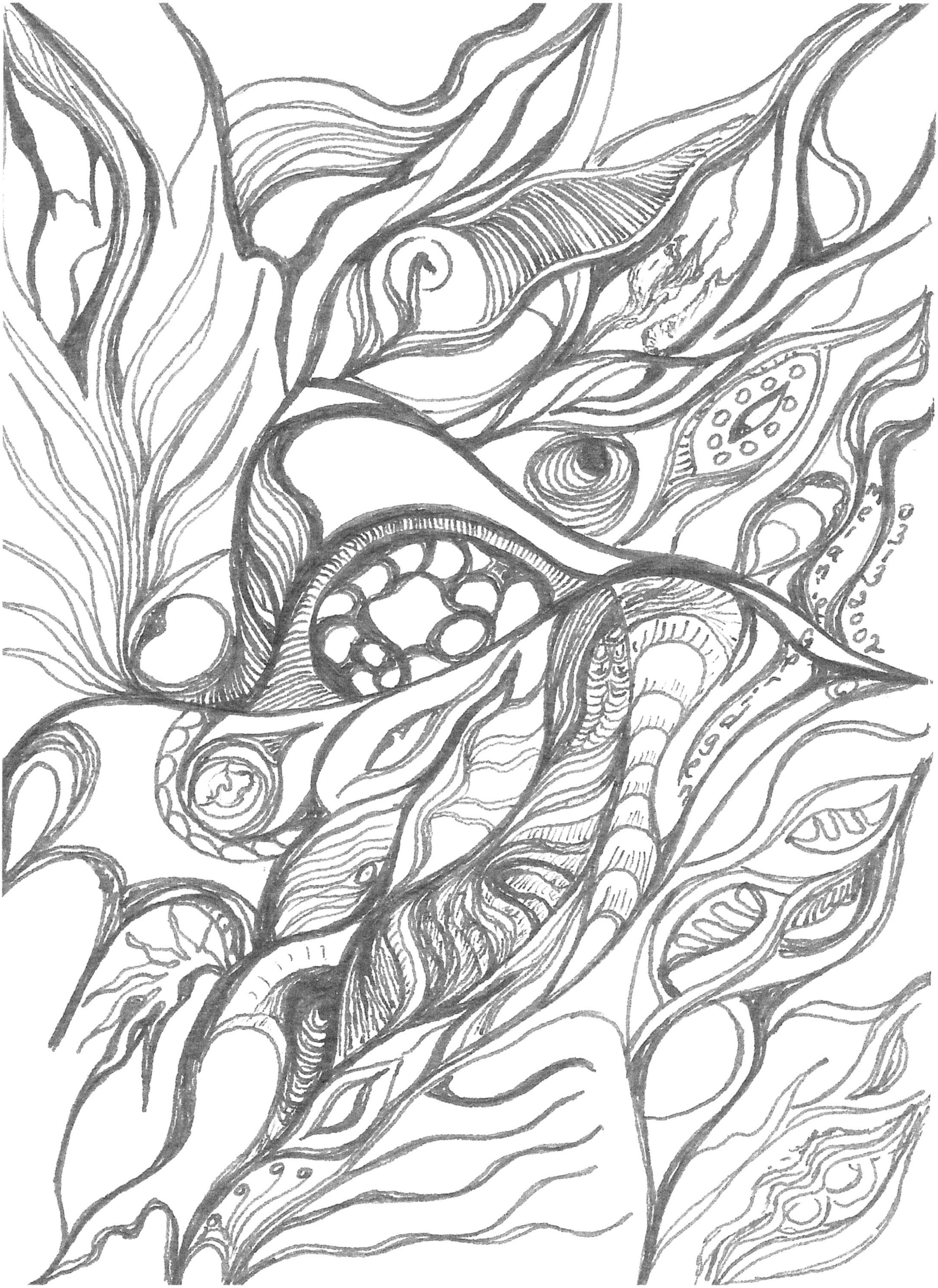

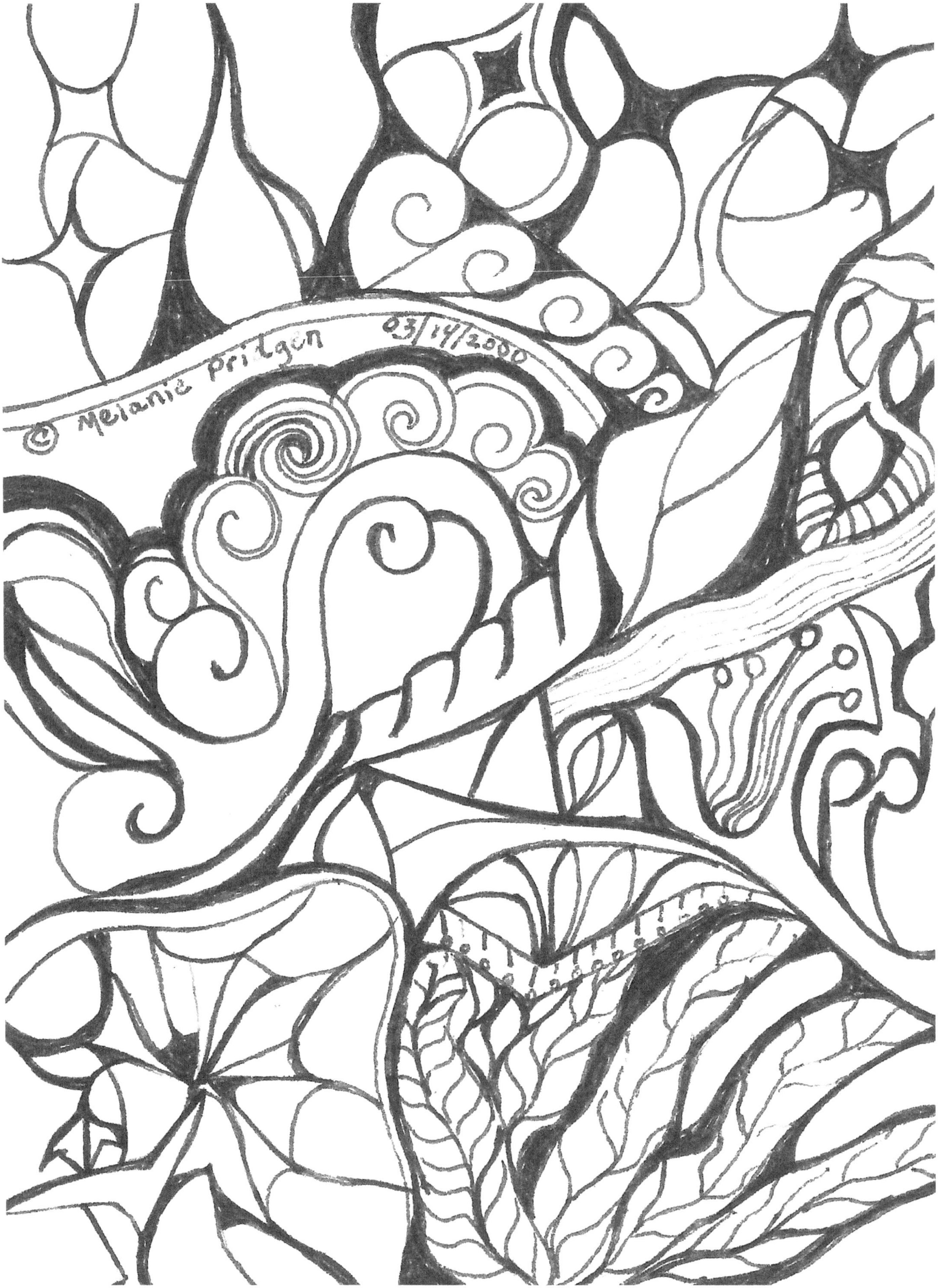
© Melanie Pritgen 03/14/2000

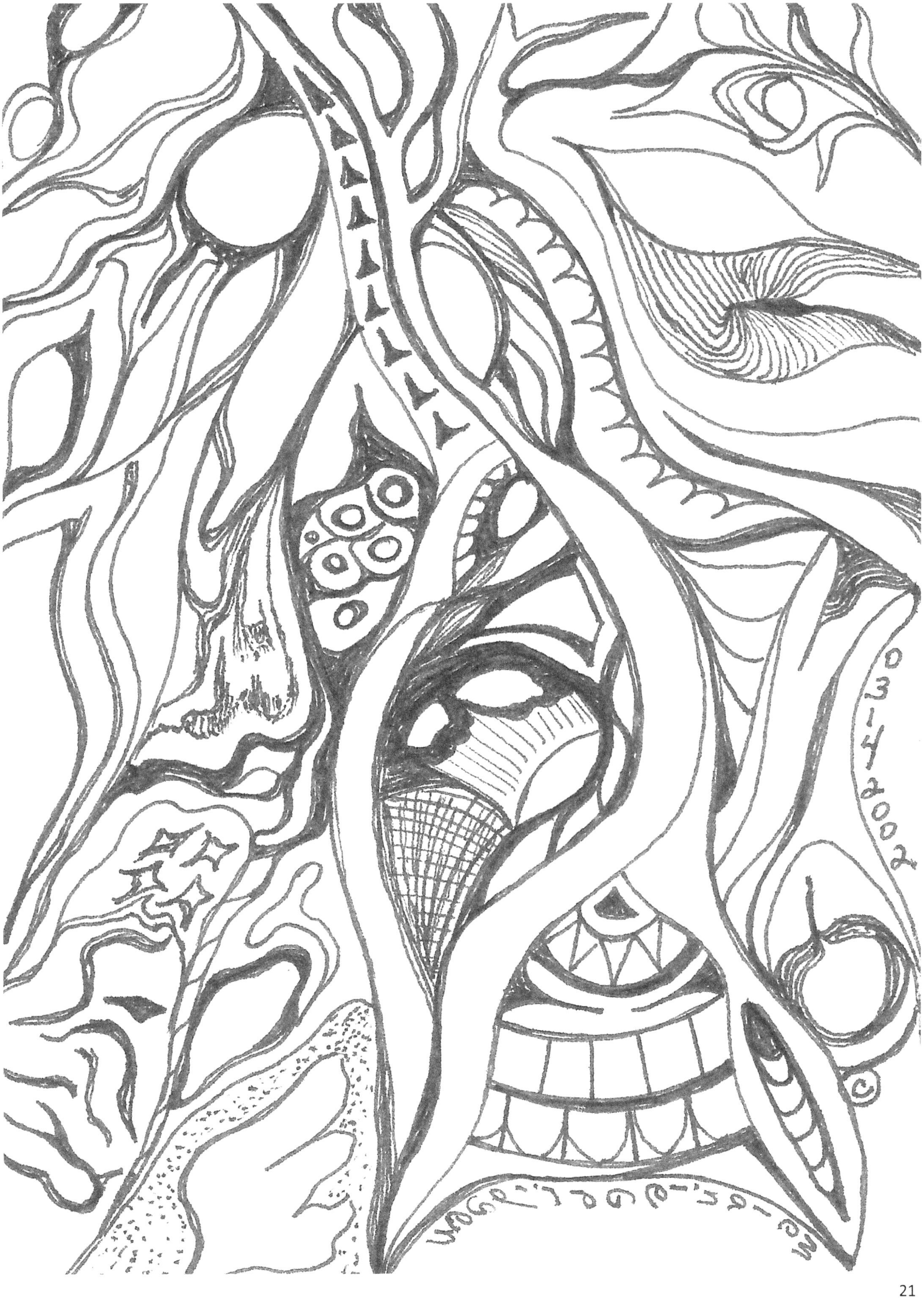
03-14-2002

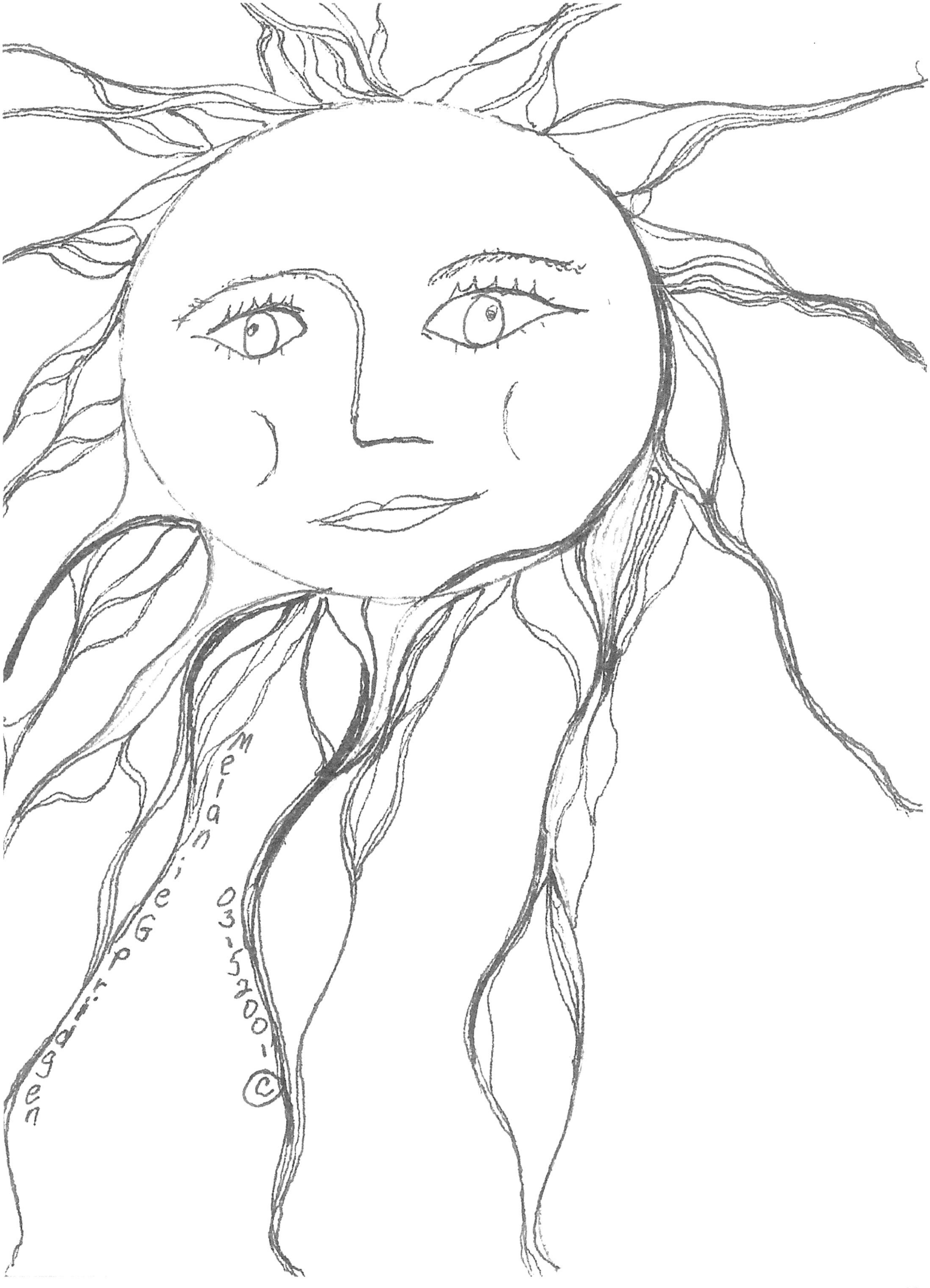
Melanie
03-5-2001-©

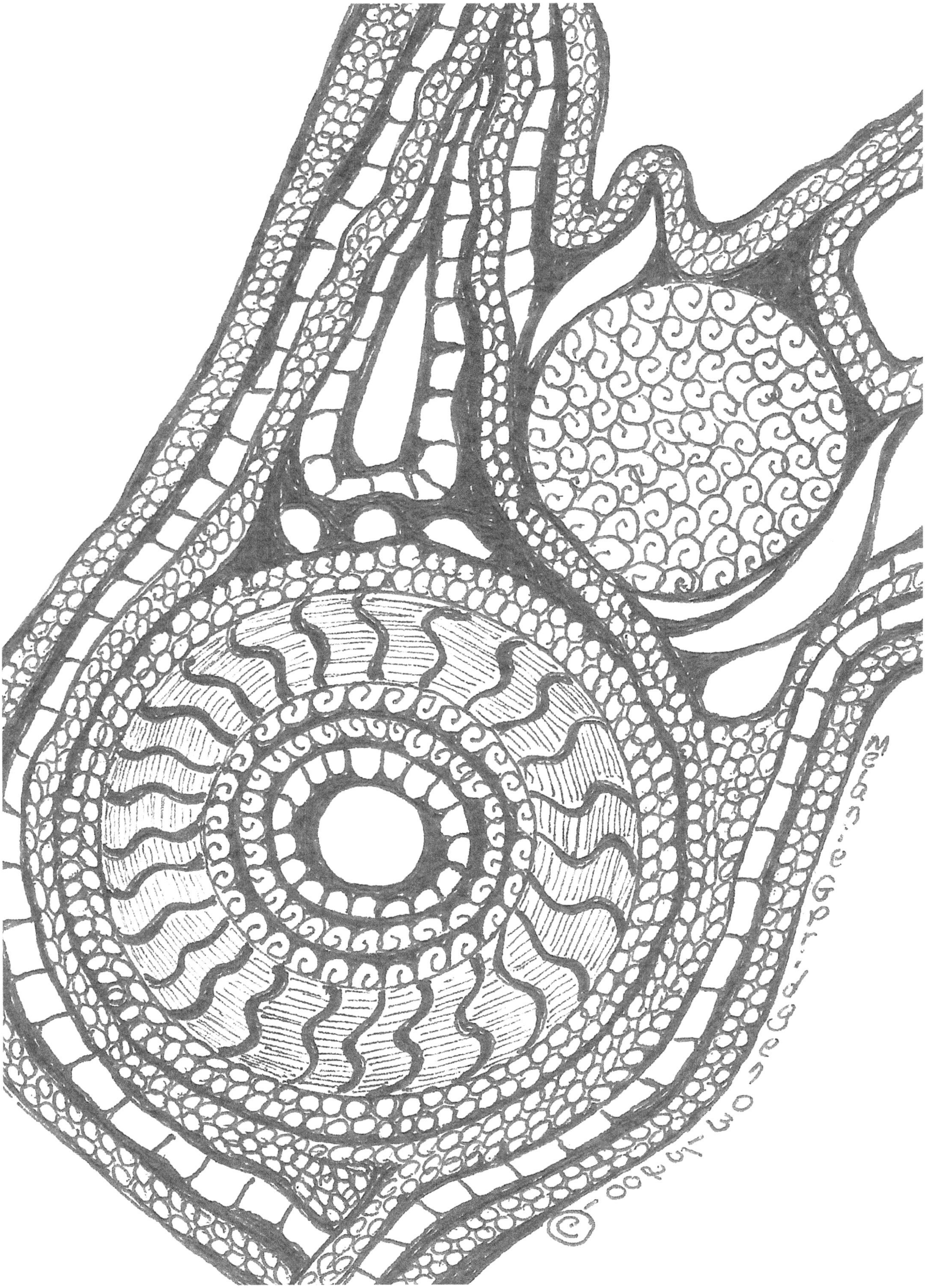

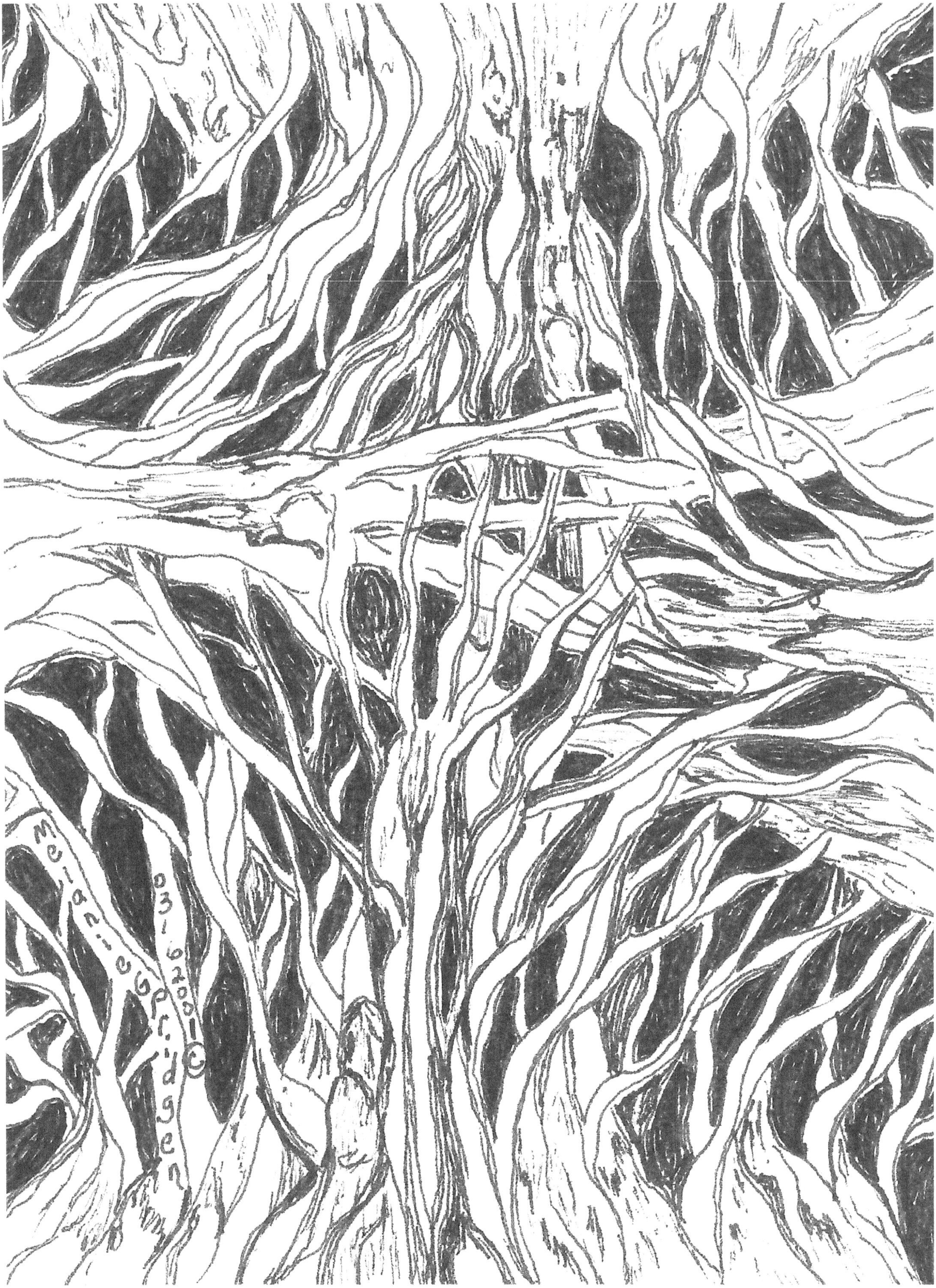
Melanie Gridgen
03-9-2001 ©

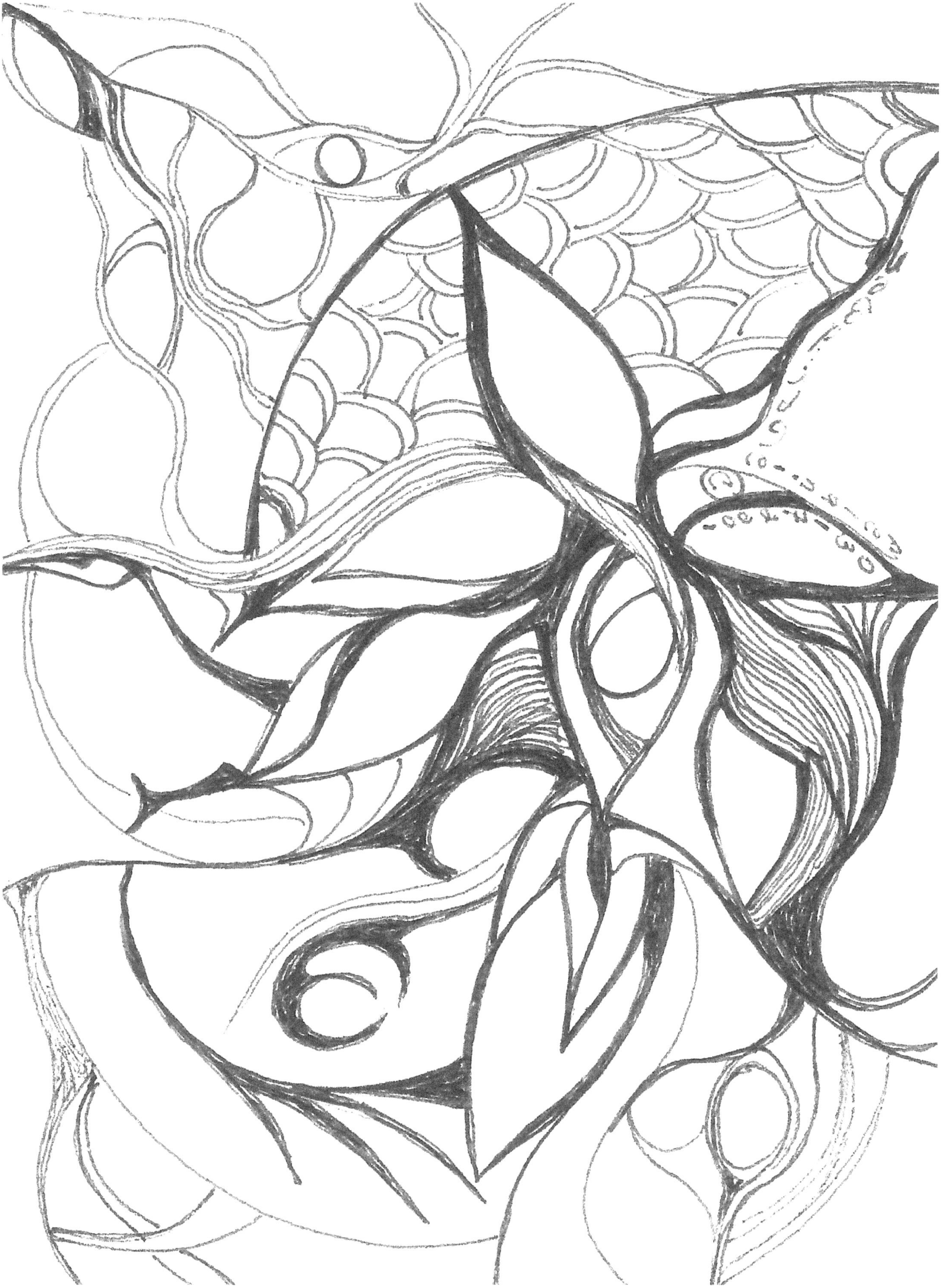

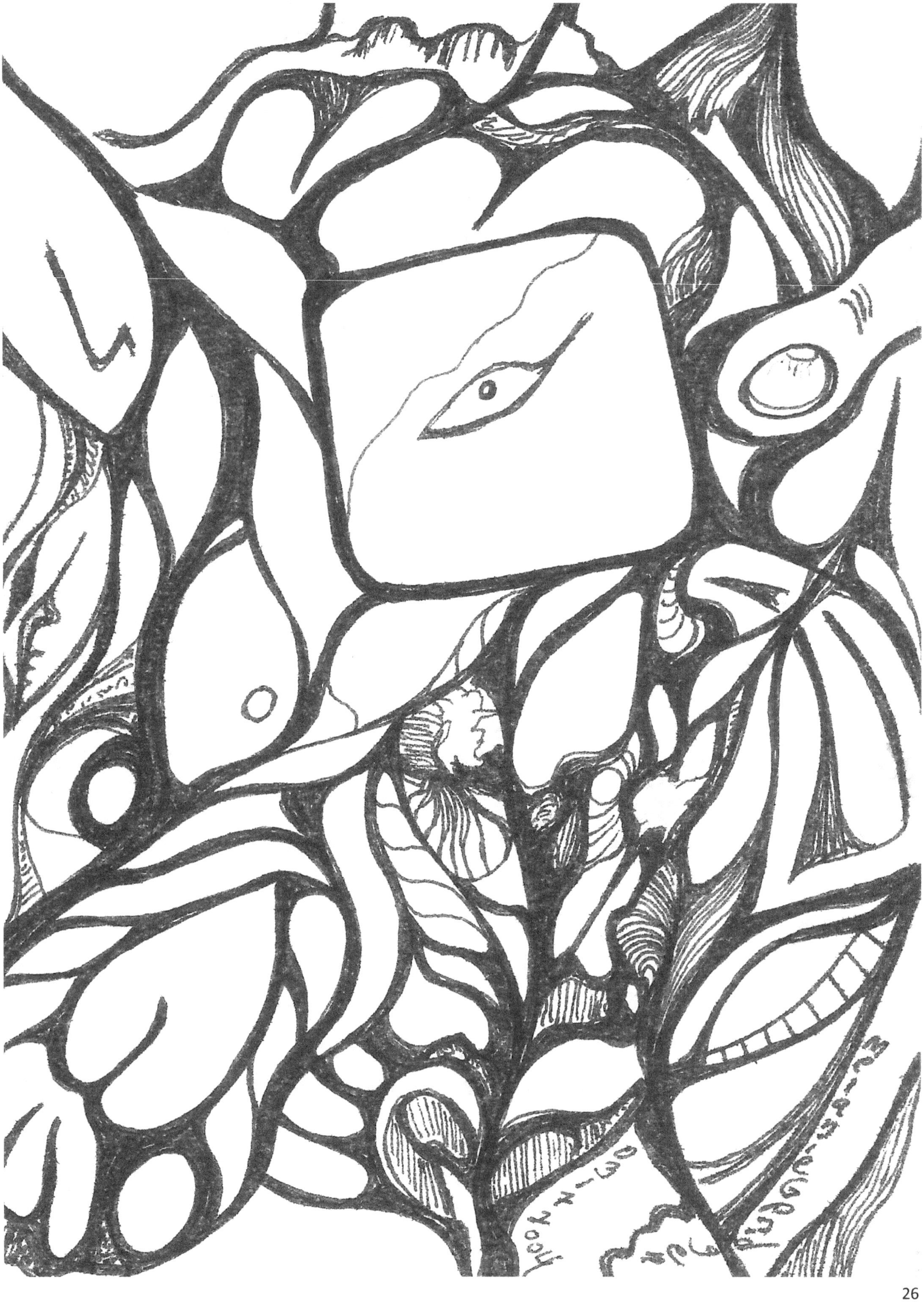

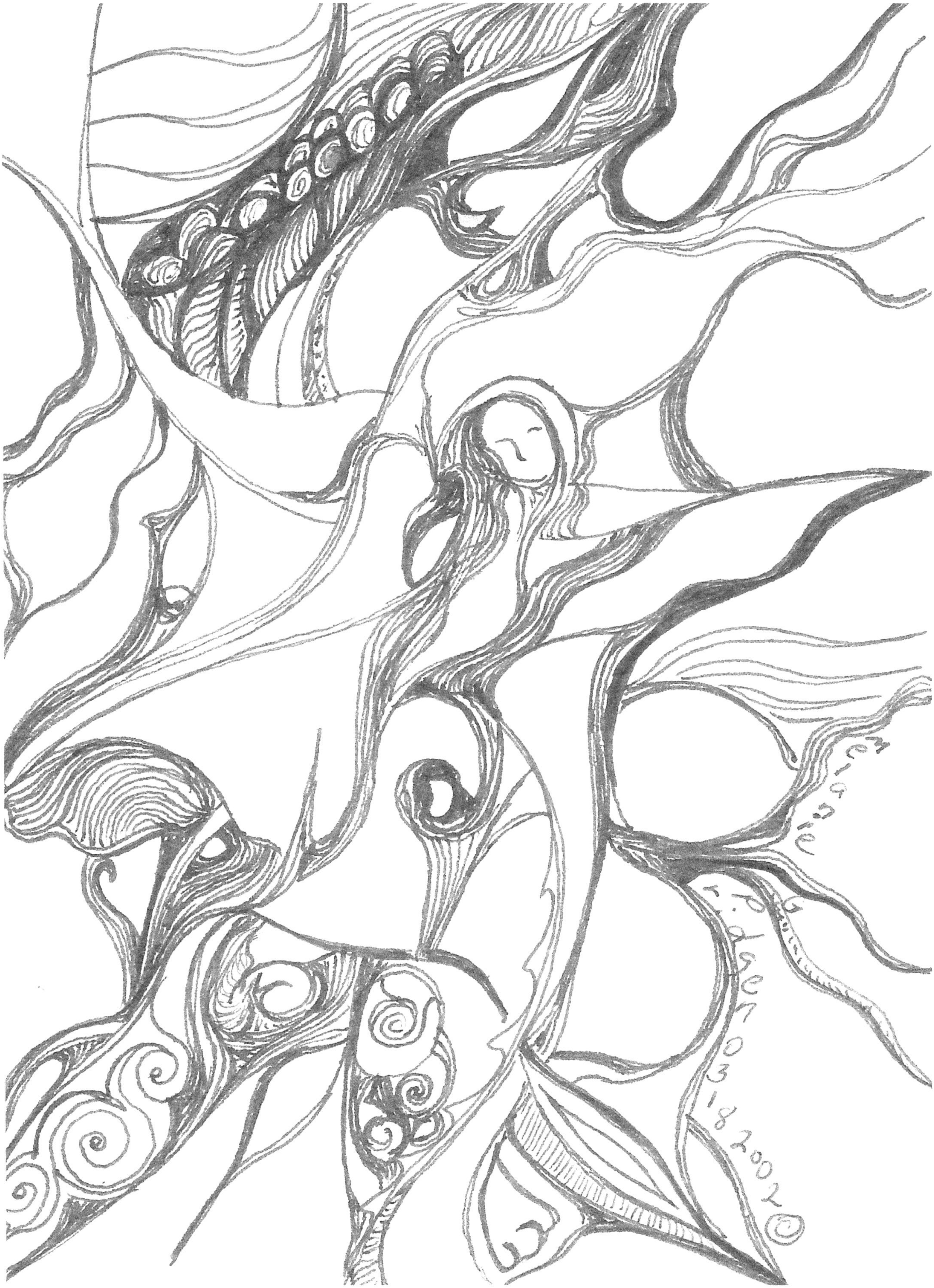

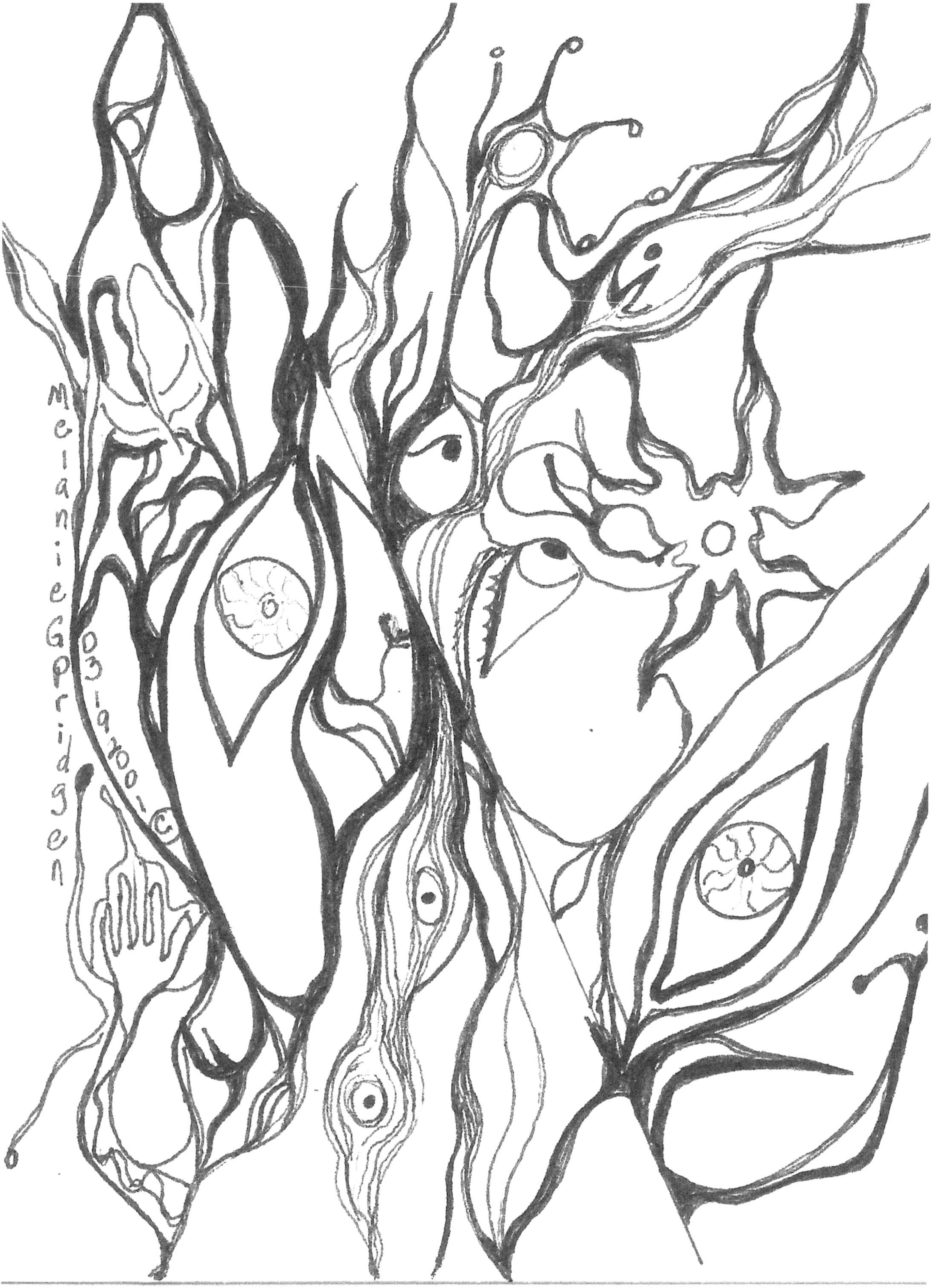
Melanie G Pridgen
03-9-2001 ©

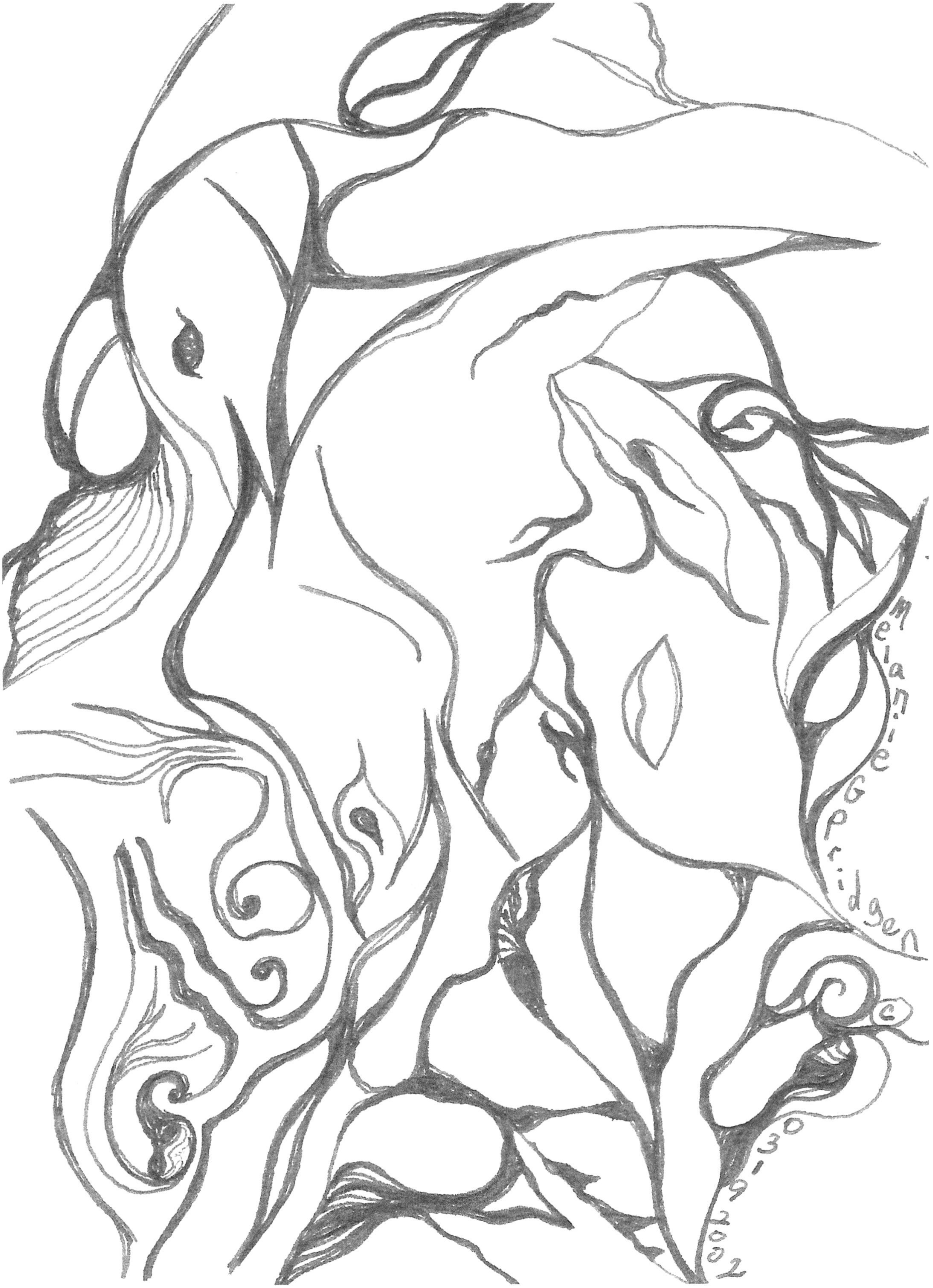
Melanie G Pridgen

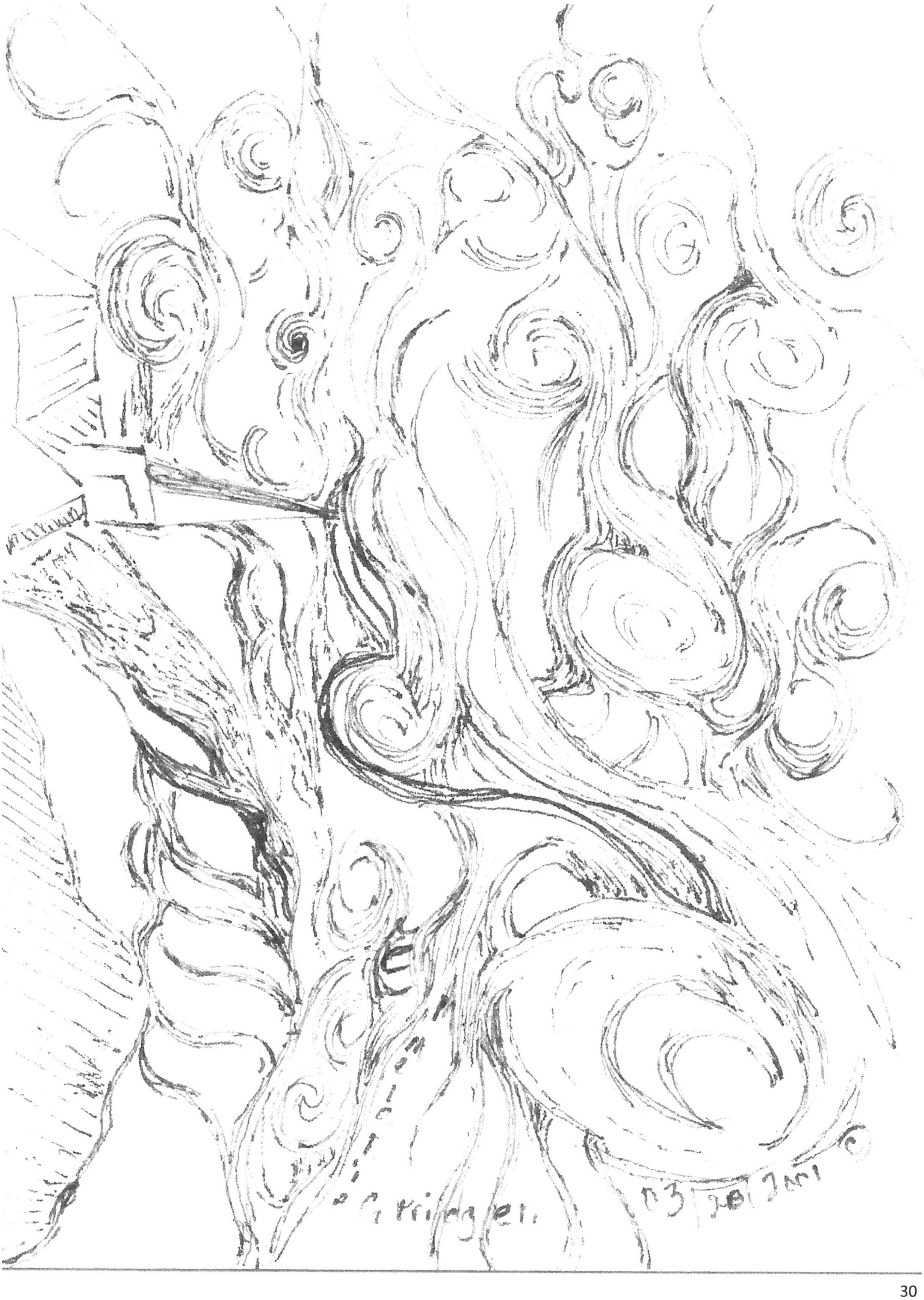

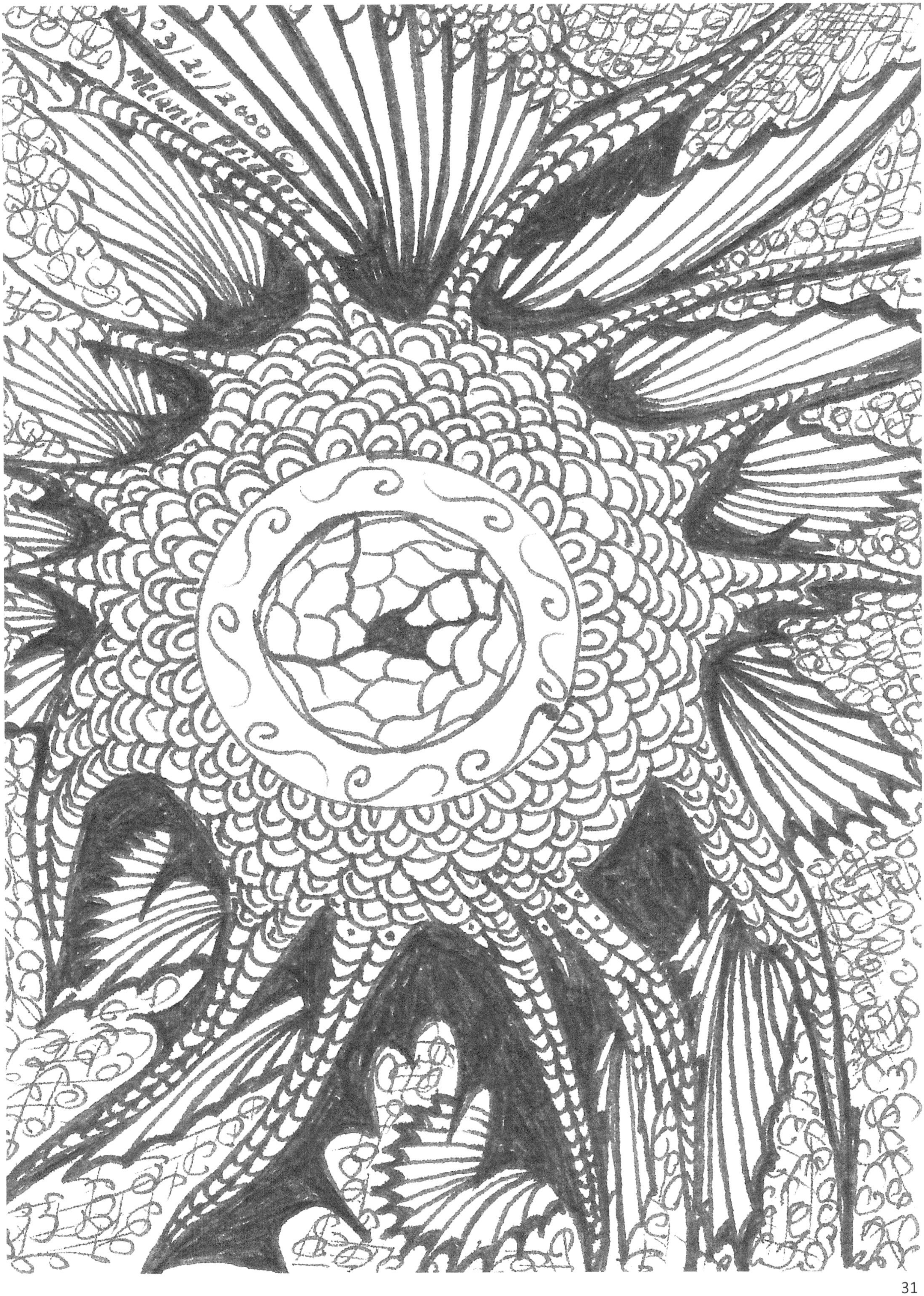
03/21/2000

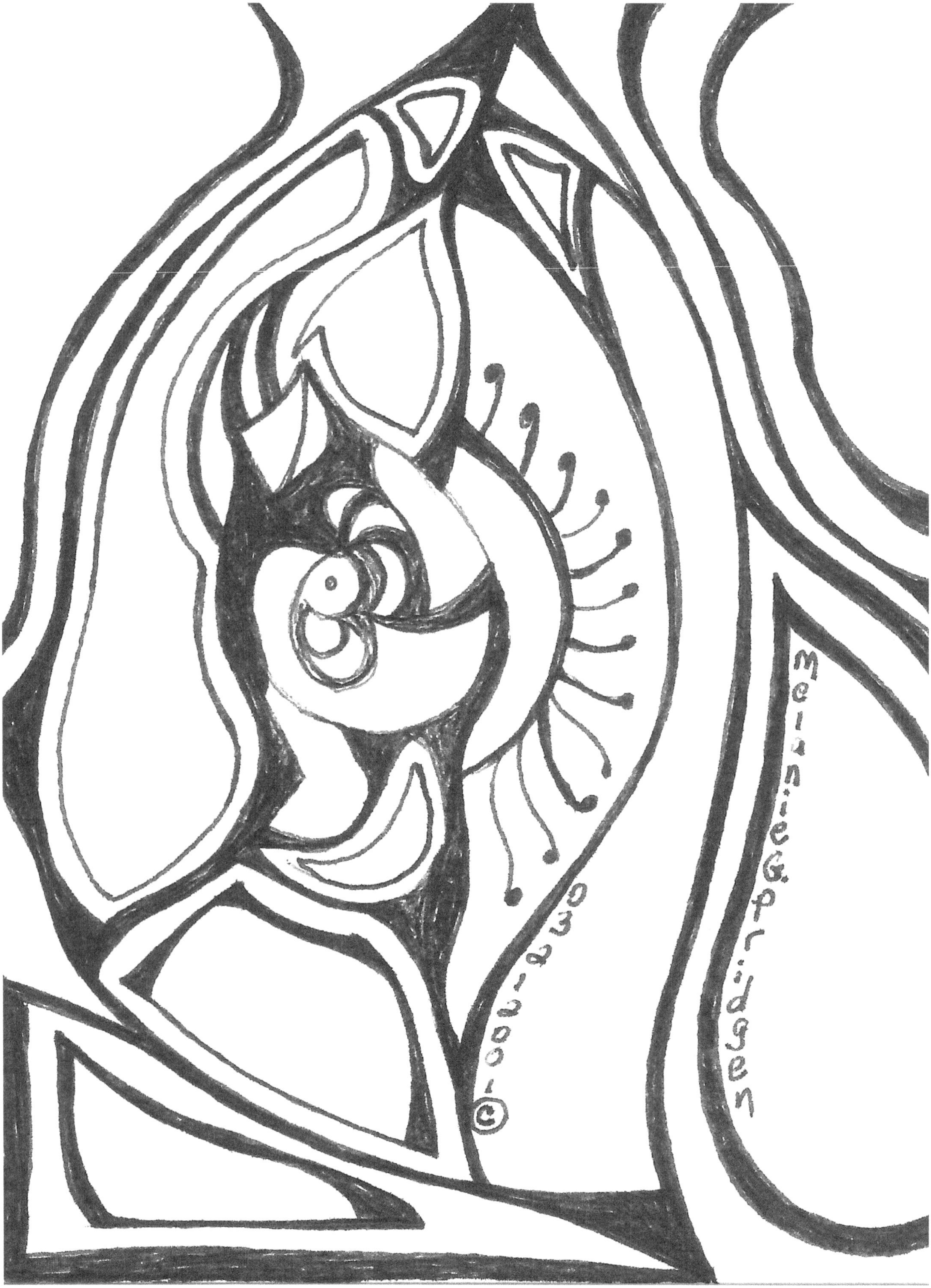

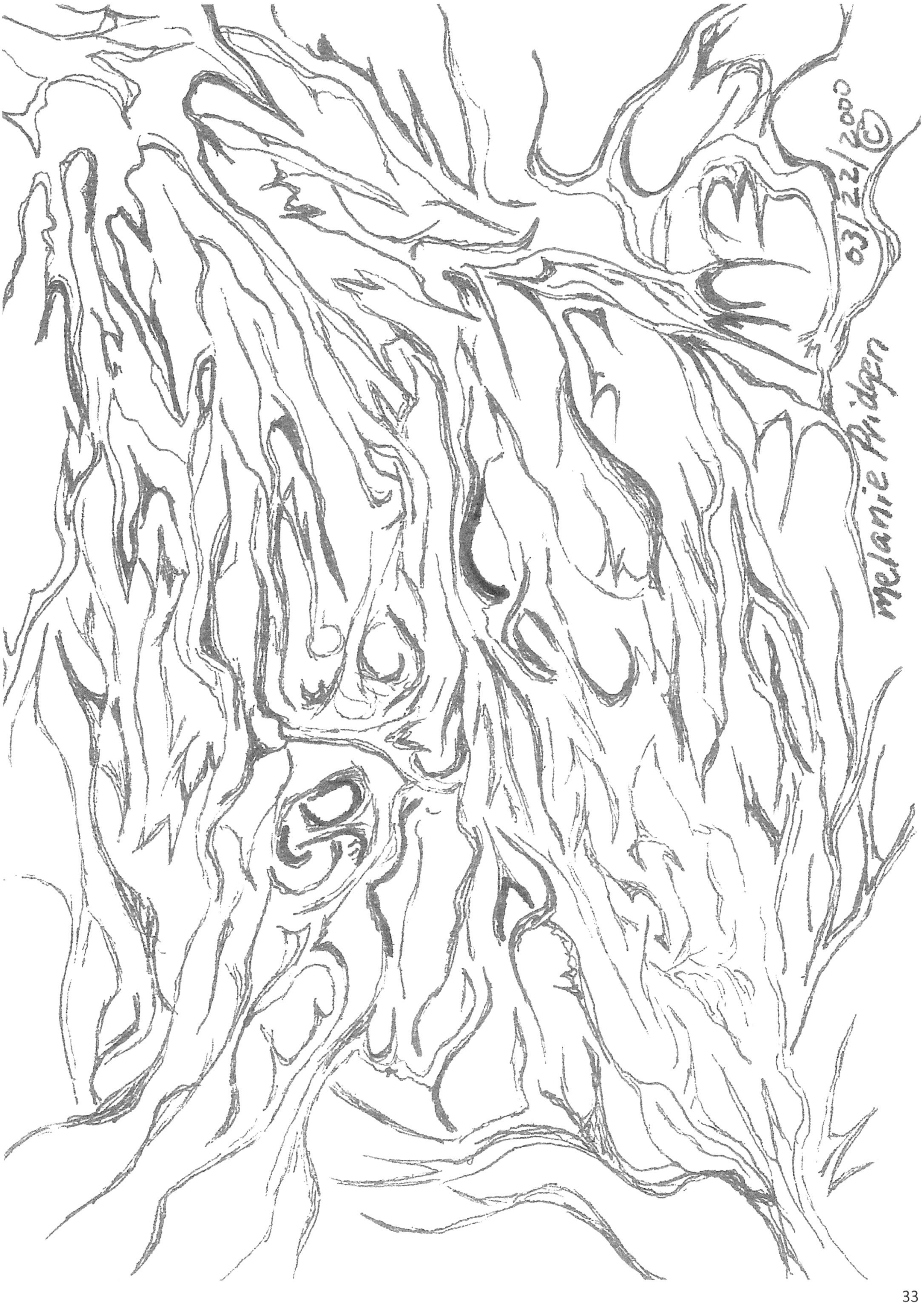
03/22/2000 ©
Melanie Pridgen

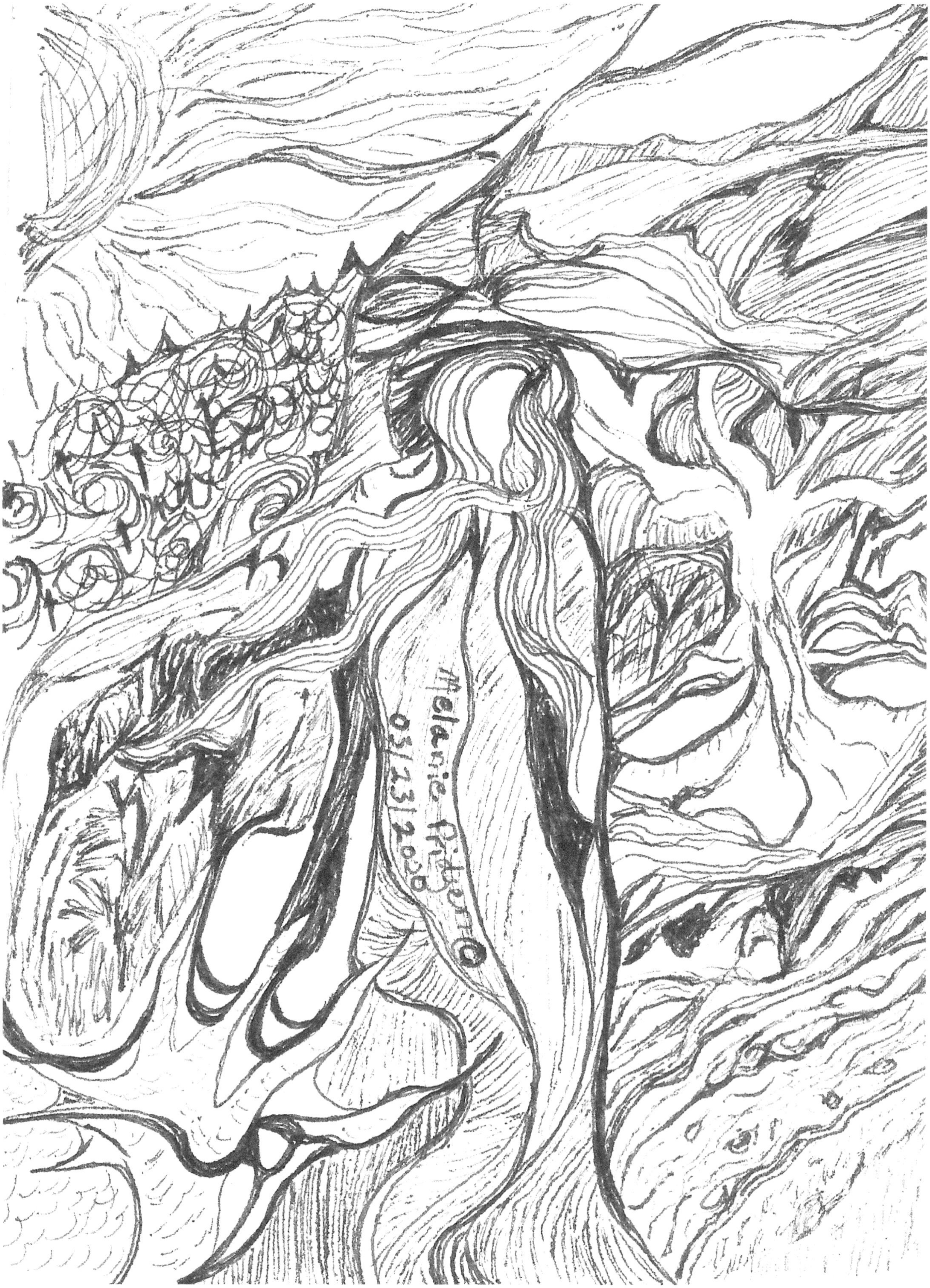
03/23/2020

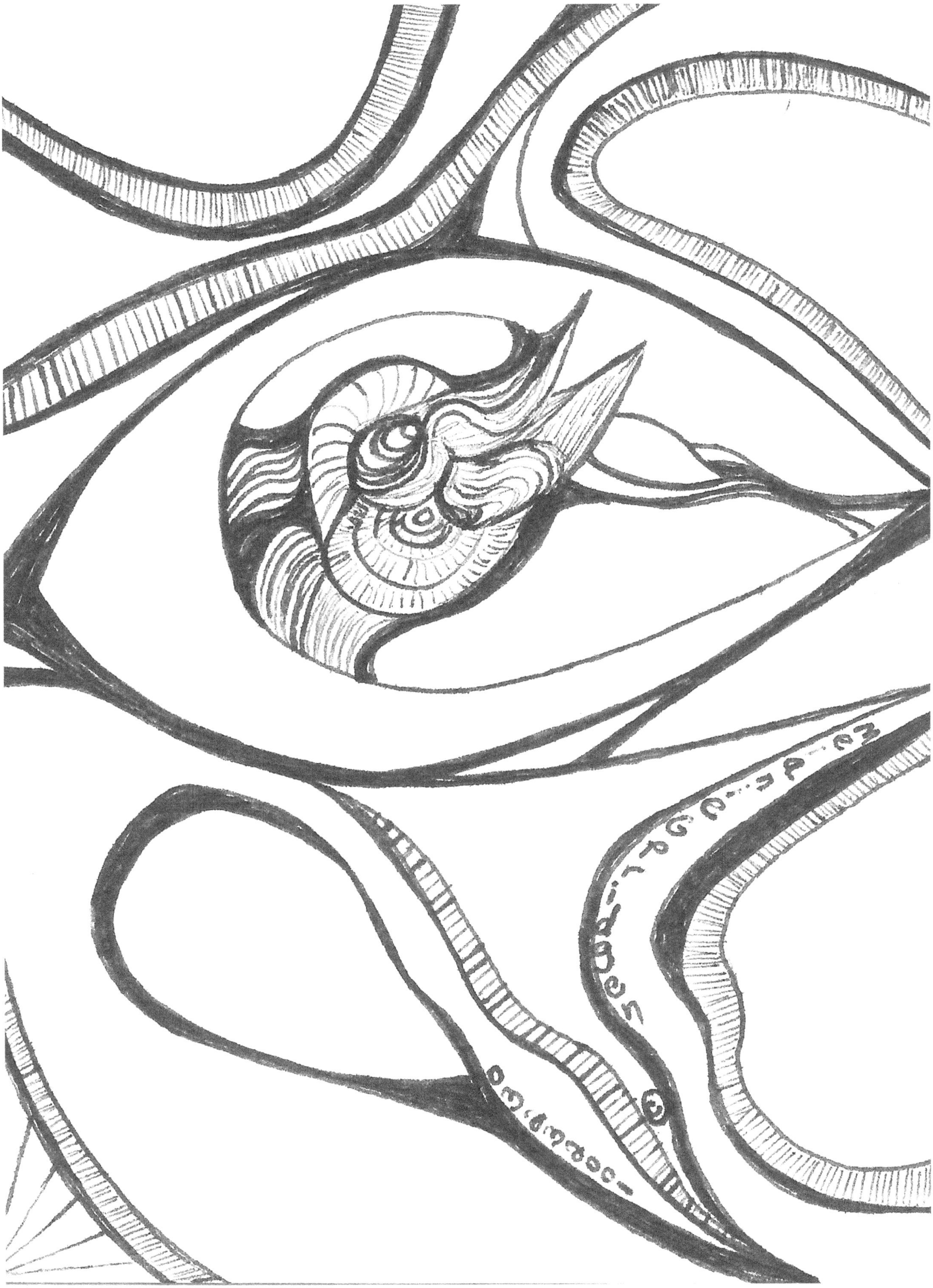

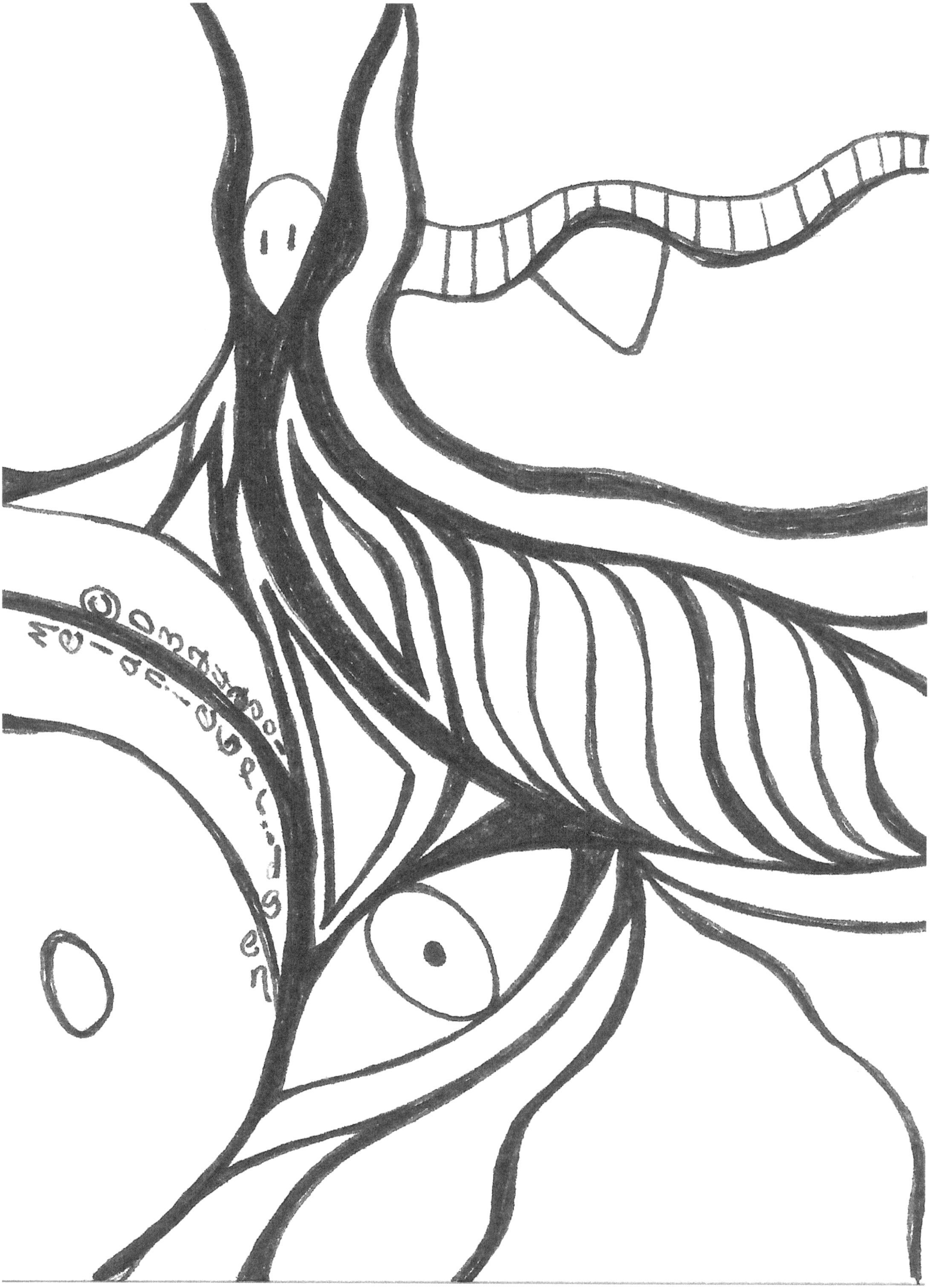

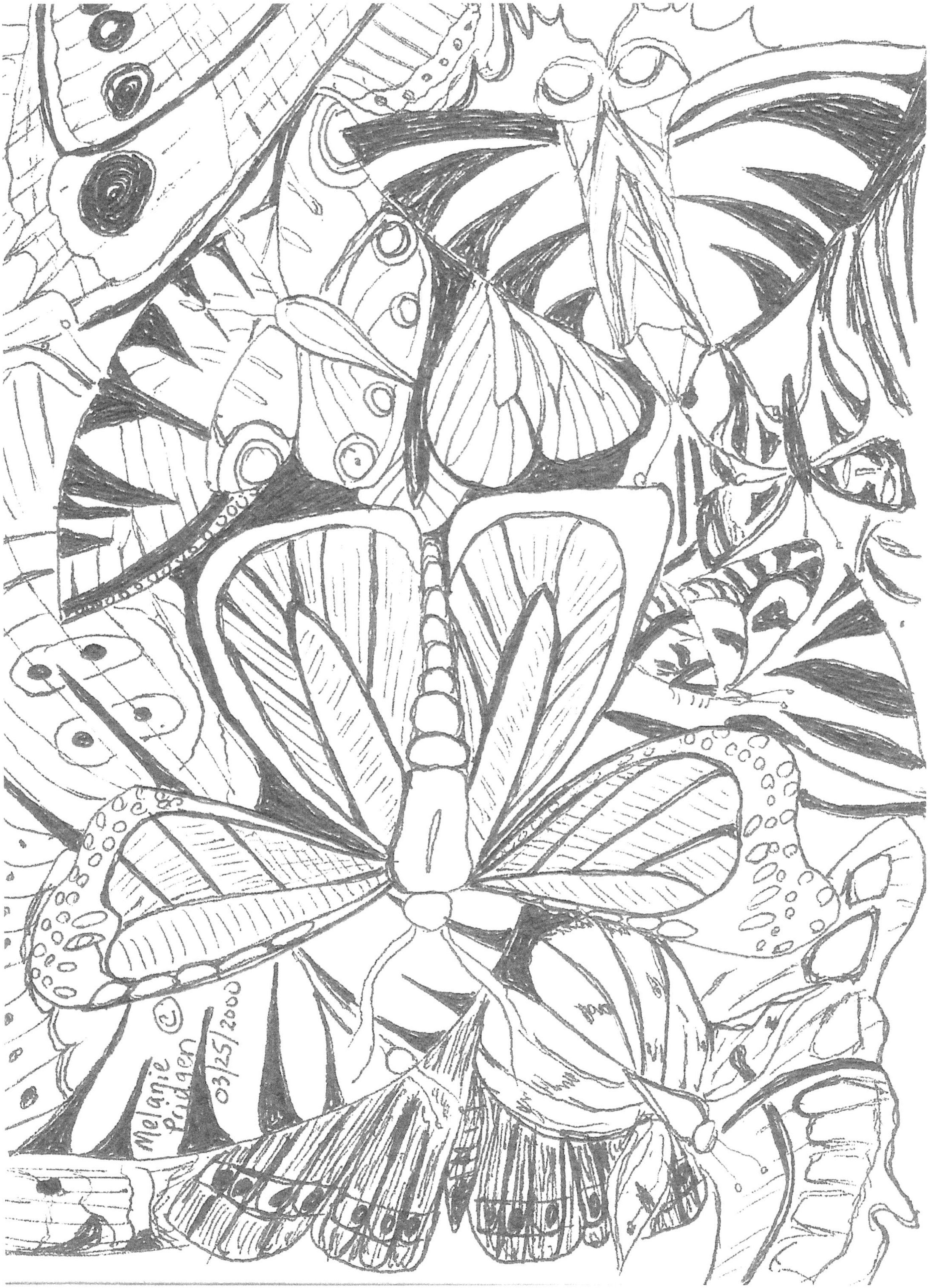
Melanie Pridgen ©
03/25/2000

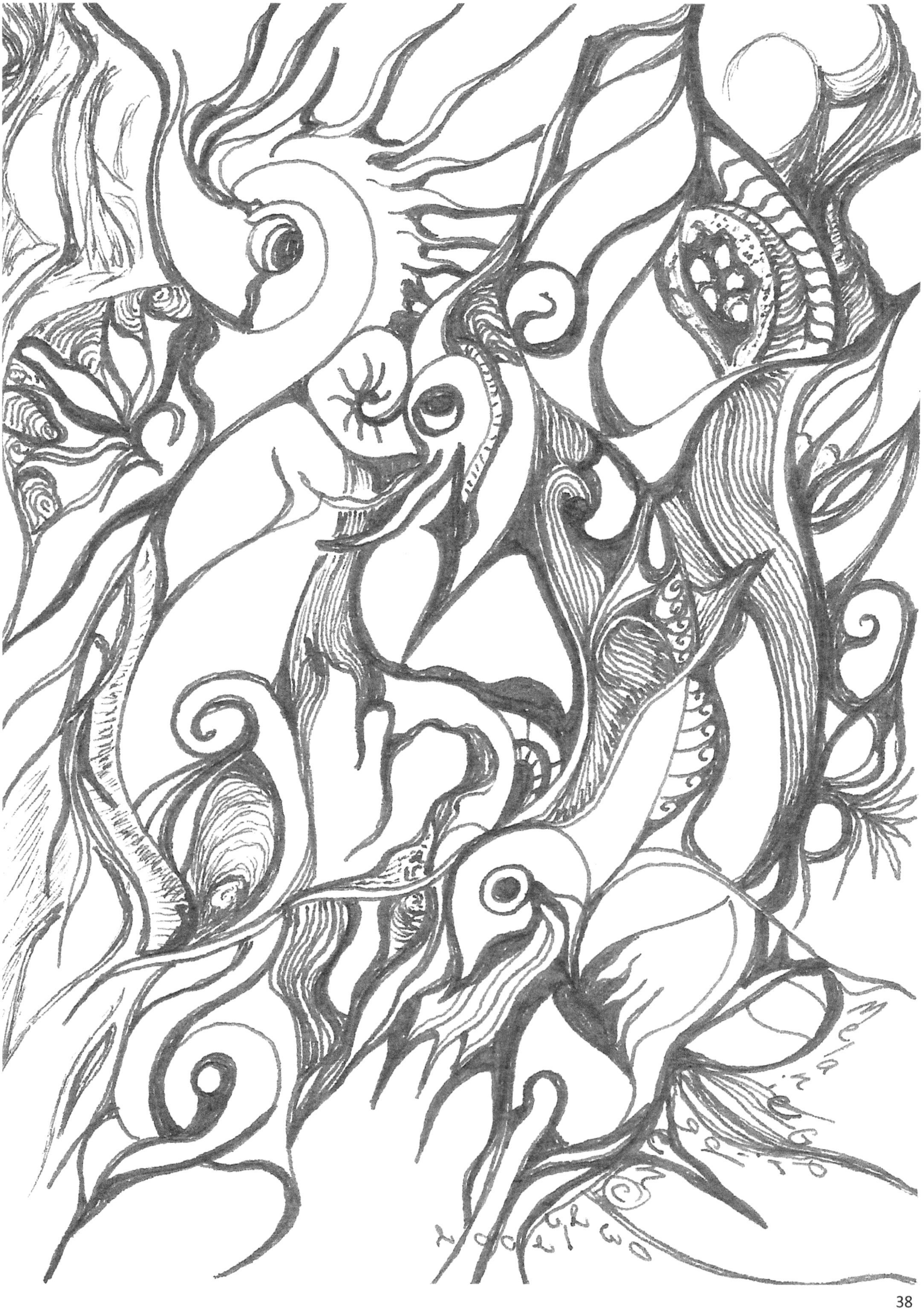

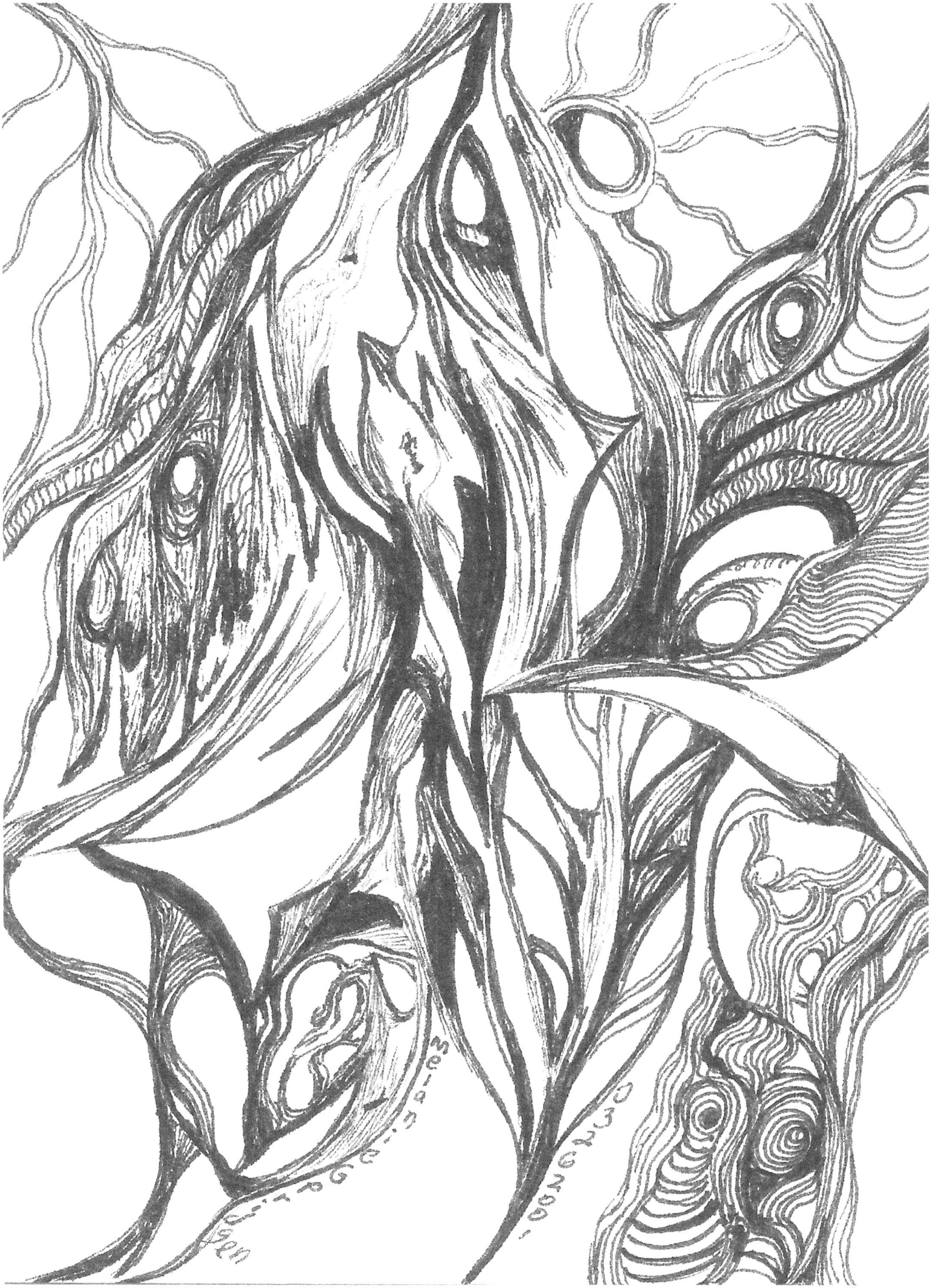

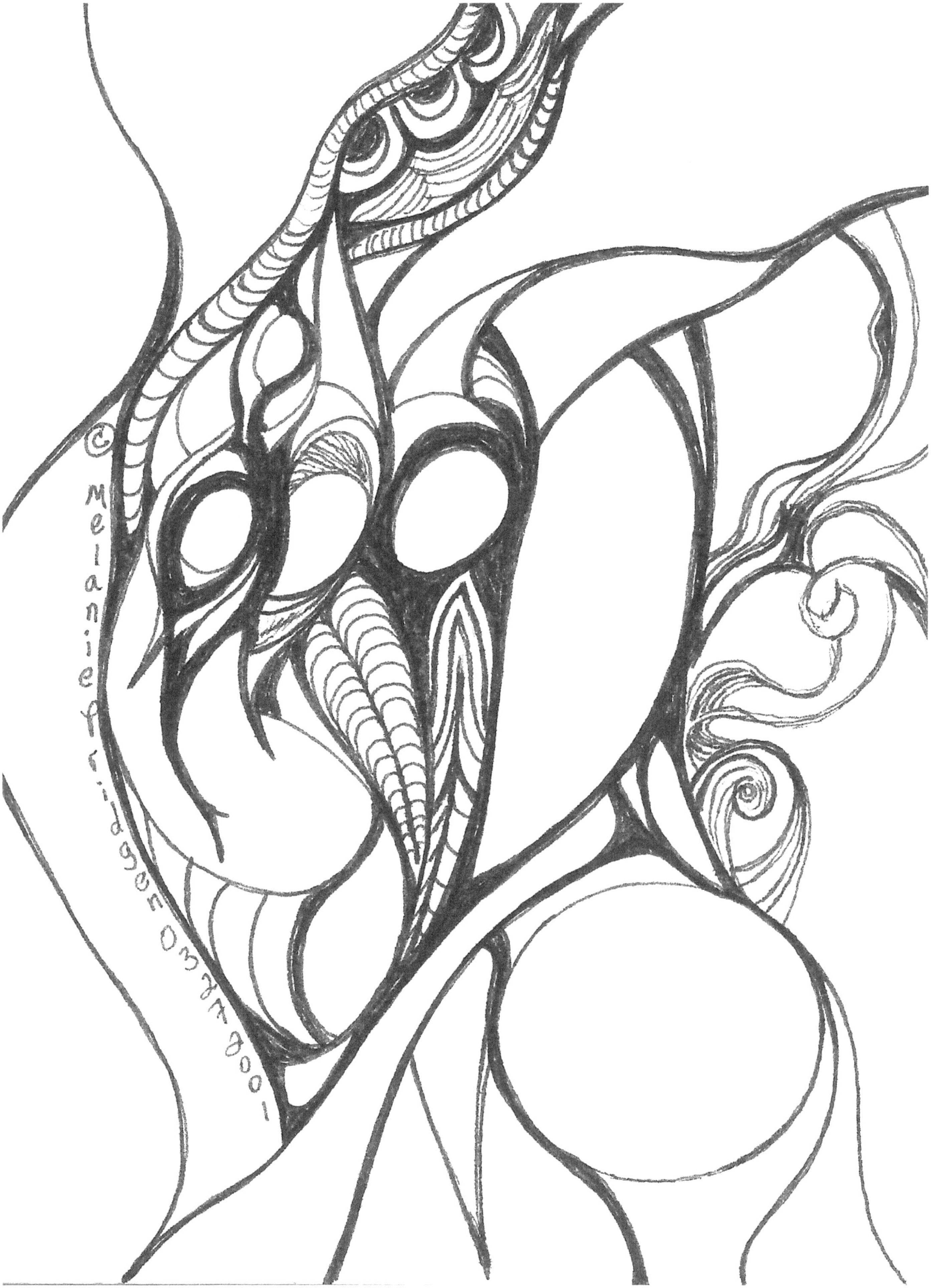
© Melanie Pridgen 0327 2001

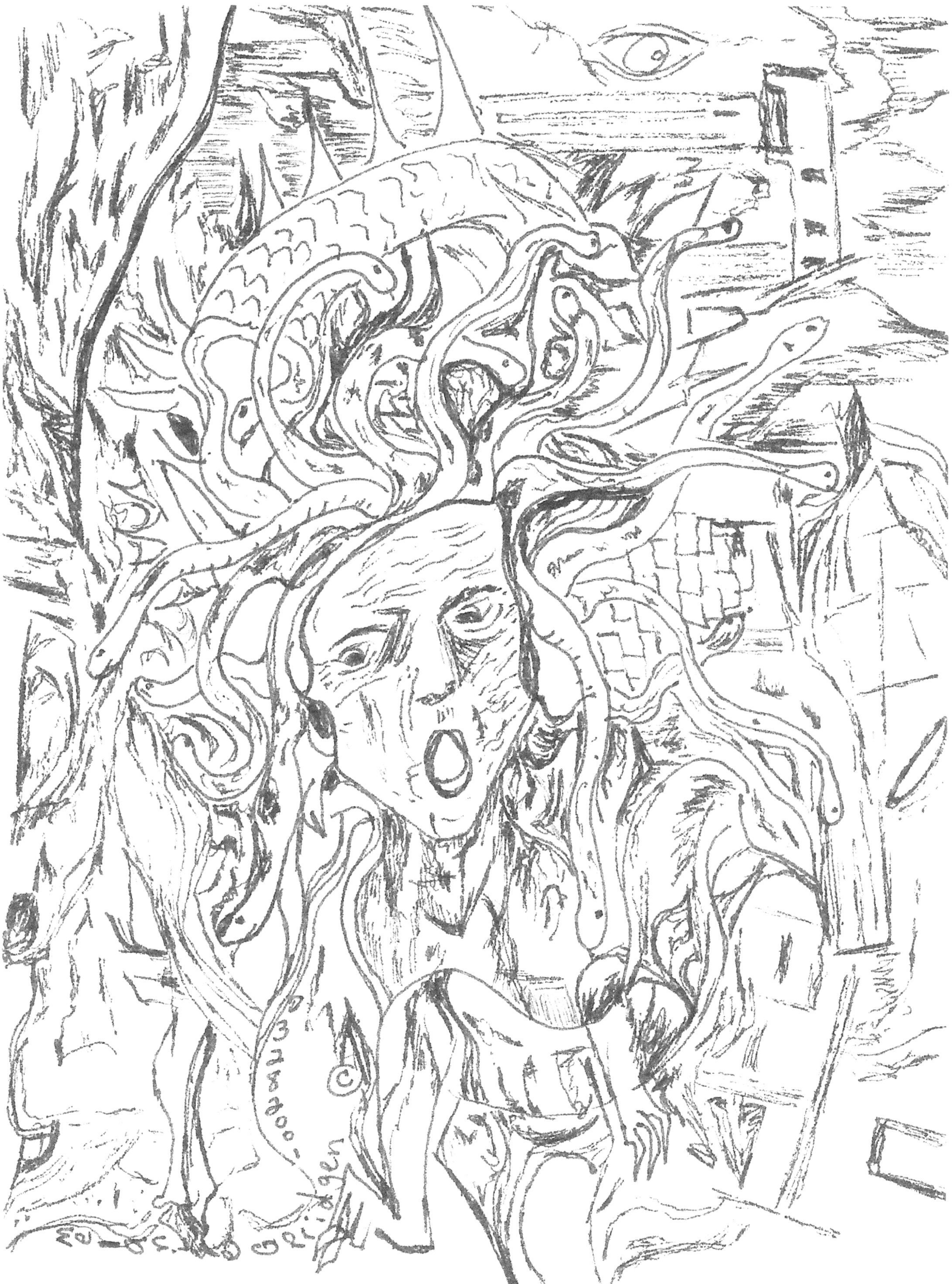

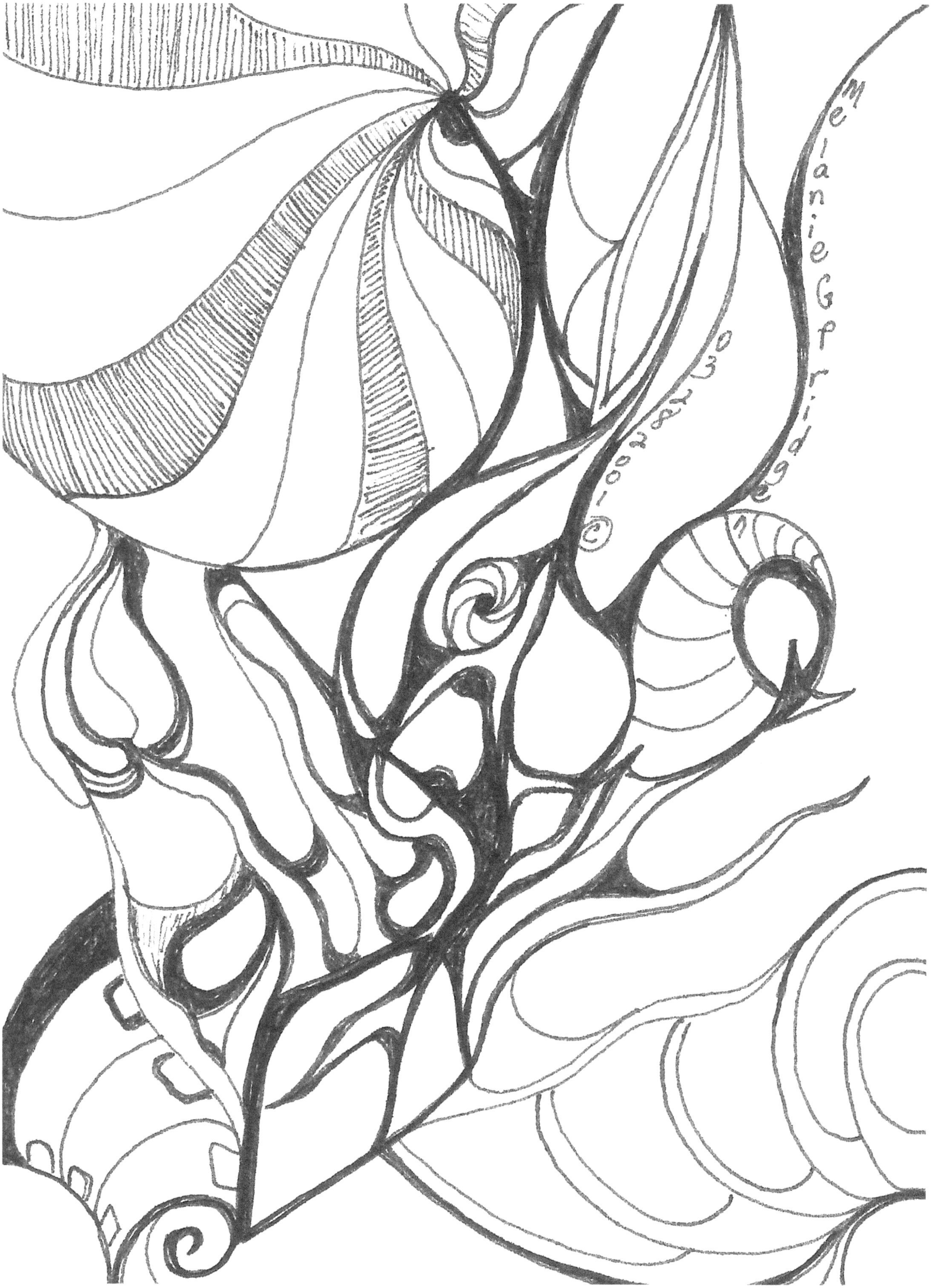

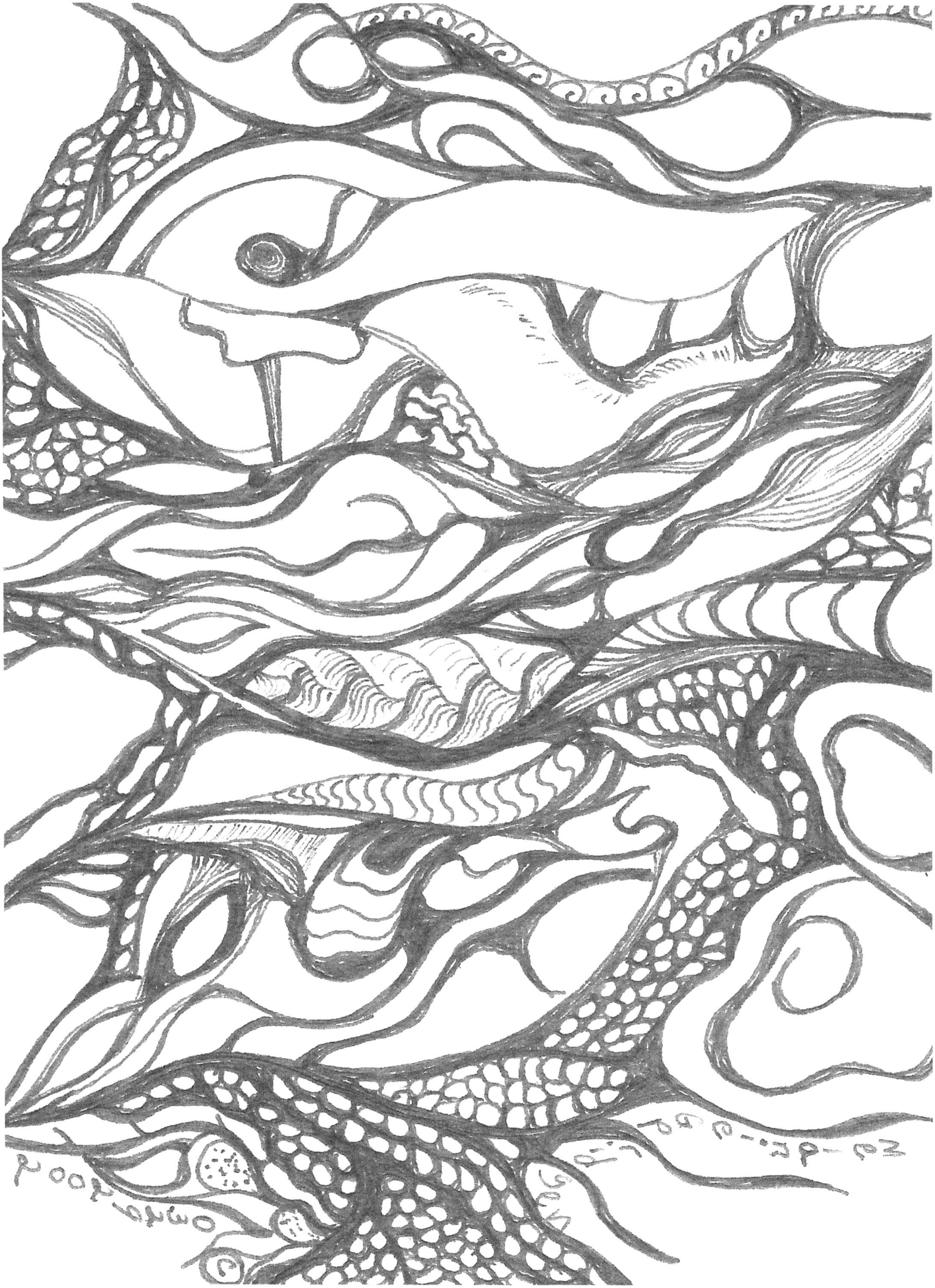

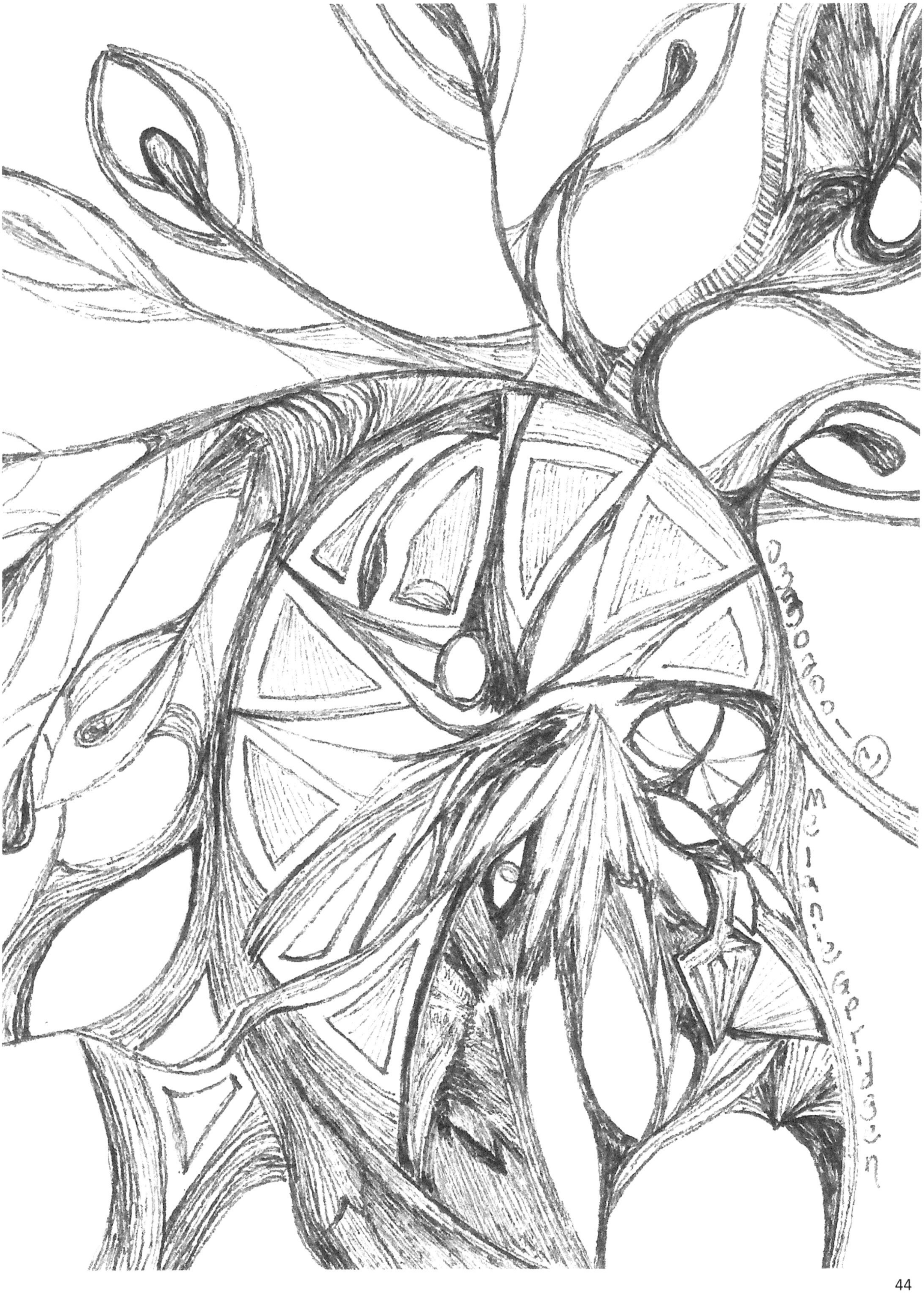

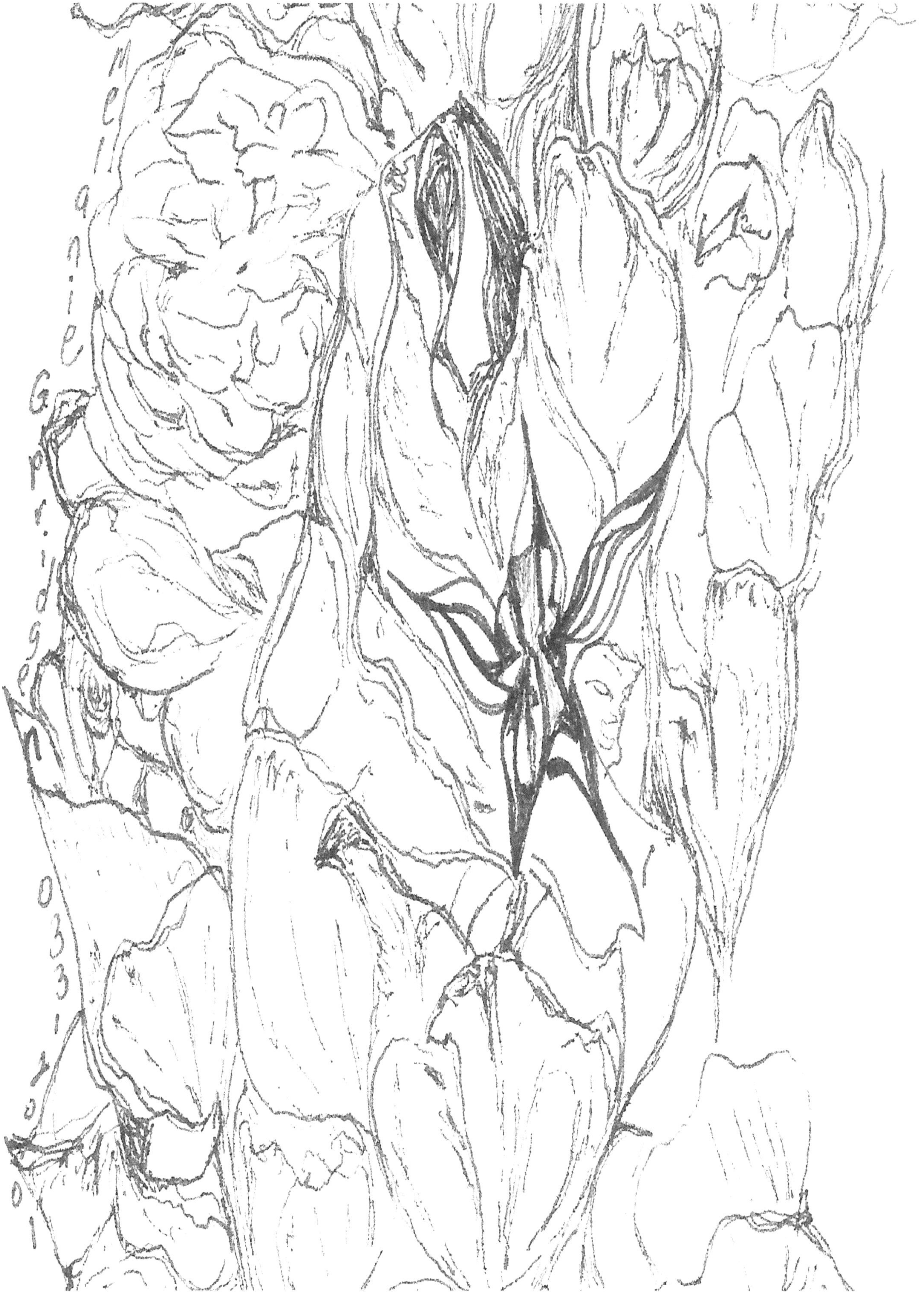

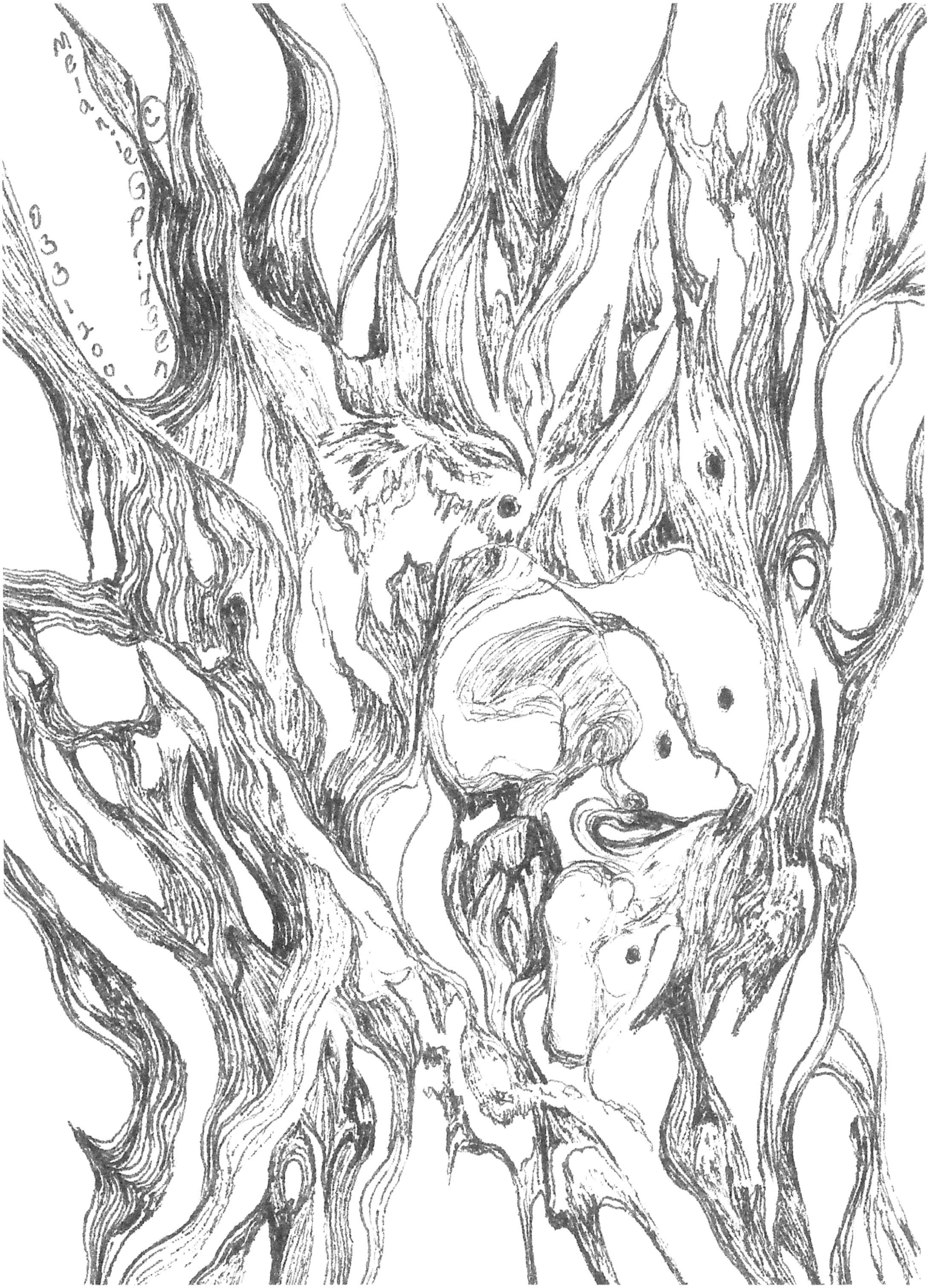
Melanie ©